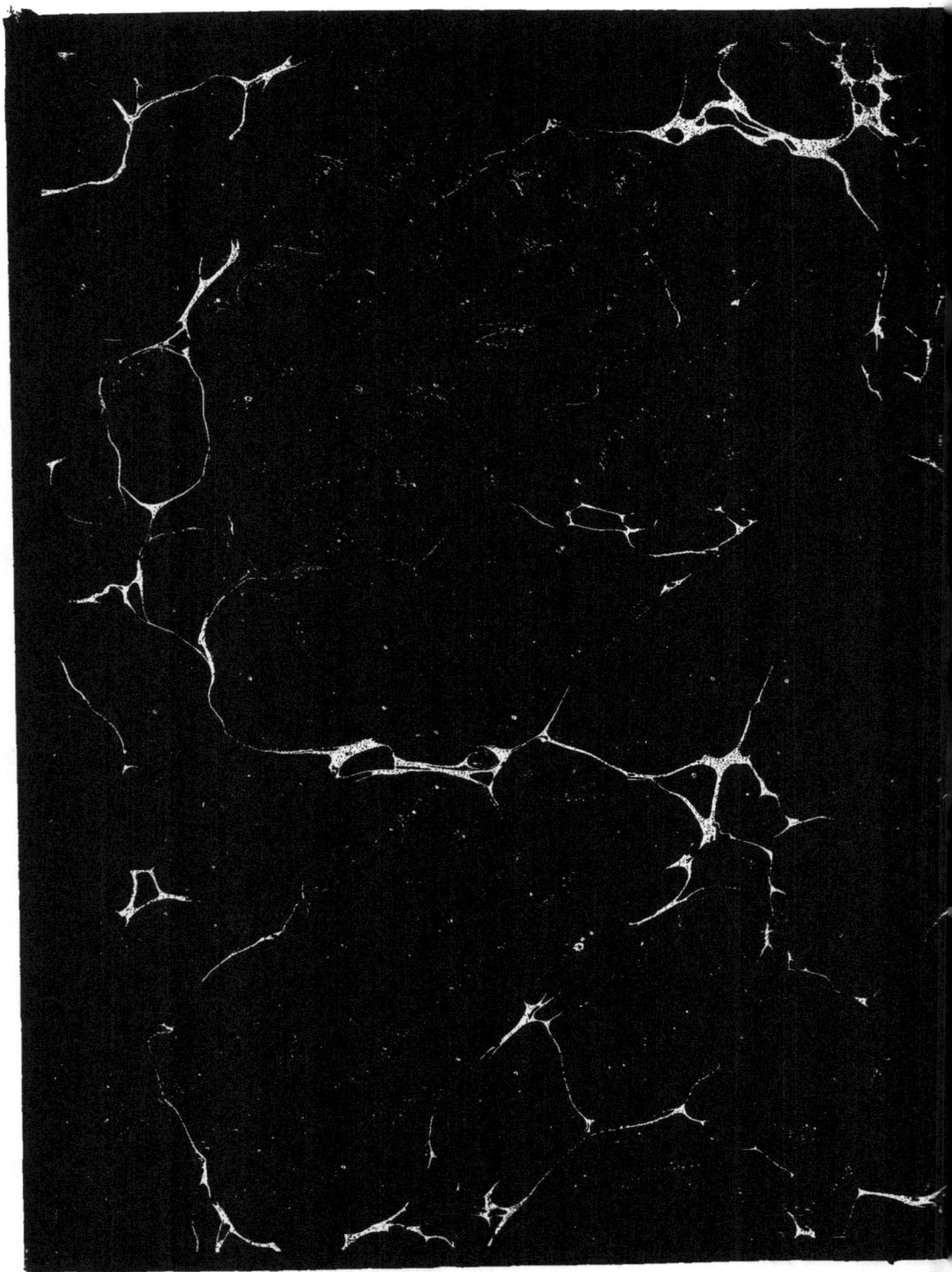

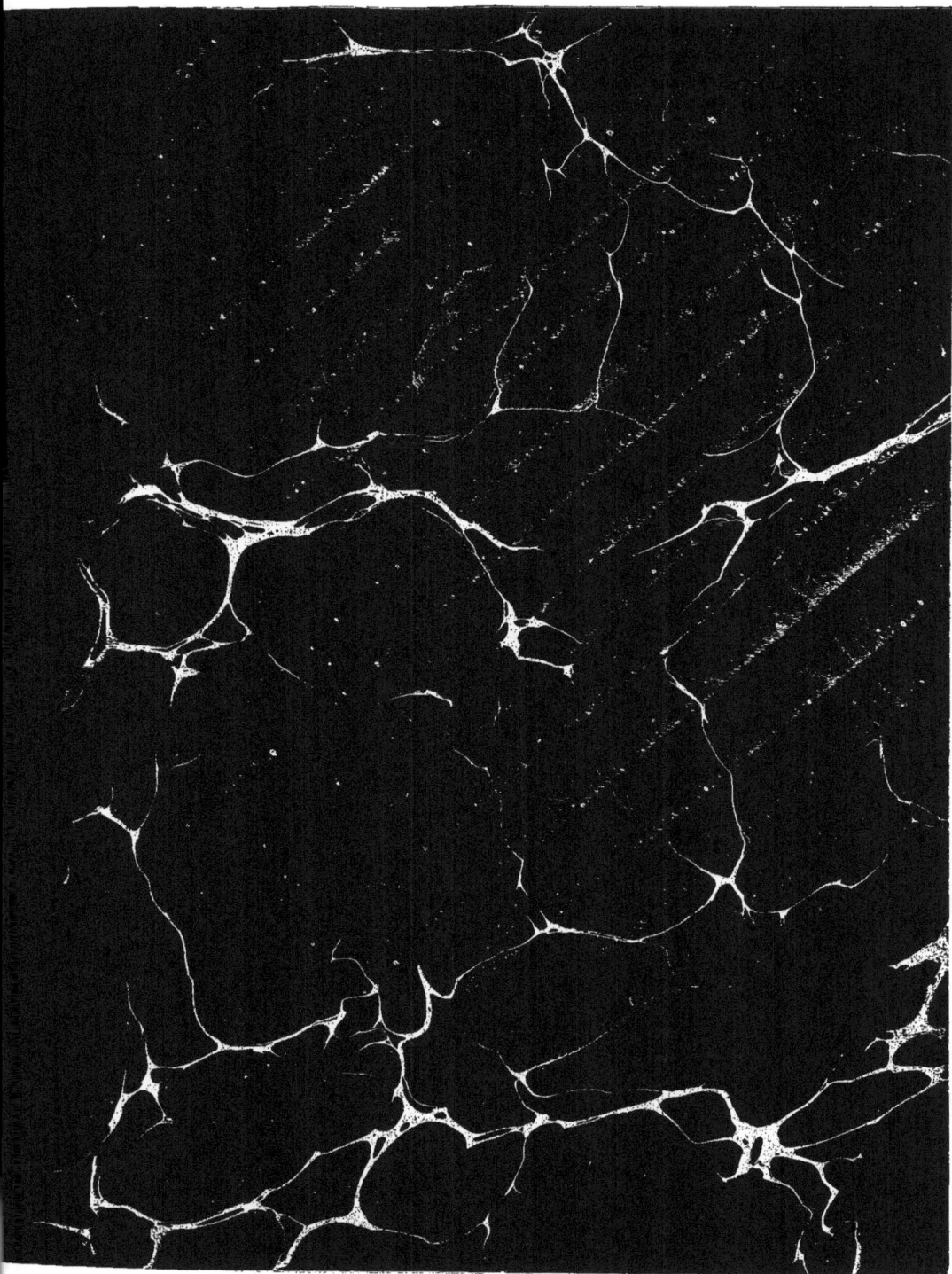

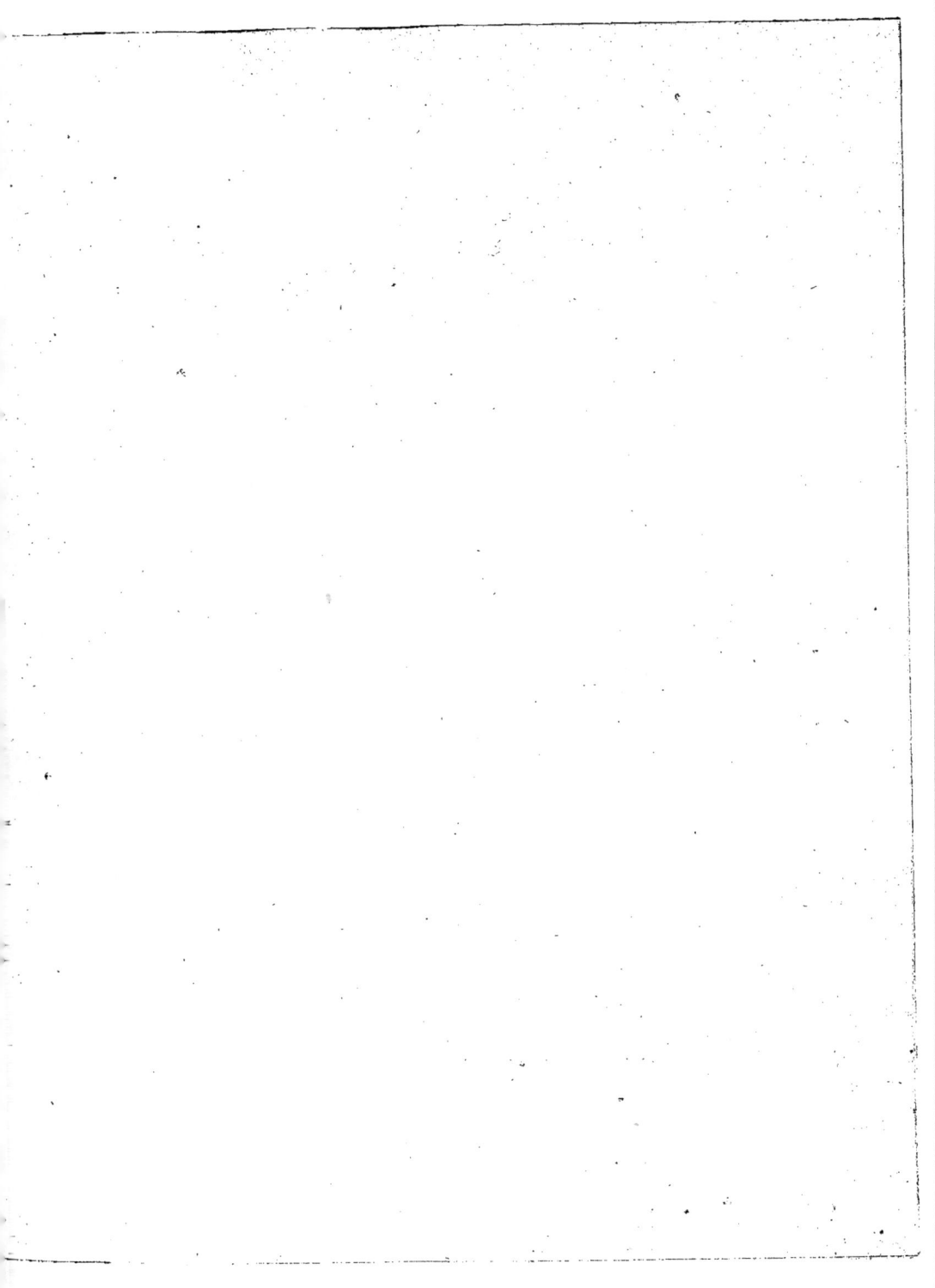

ÉTUDE SUR FRANCISCO GOYA

BORDEAUX, IMPRIMERIE G. GOUNOUILHOU,
RUE GUIRAUDE, 11.

Fran.^{co} Goya

ÉTUDE

SUR

FRANCISCO GOYA

SA VIE ET SES TRAVAUX

NOTICE BIOGRAPHIQUE ET ARTISTIQUE

ACCOMPAGNÉE DE PHOTOGRAPHIES D'APRÈS LES COMPOSITIONS DE CE MAITRE

PAR M. G. BRUNET

PARIS

AUBRY, LIBRAIRE-ÉDITEUR

RUE DAUPHINE, 16

1865

GOYA

SA VIE ET SES TRAVAUX

———

Il n'y a pas bien longtemps que la renommée de Francisco Goya a
franchi les Pyrénées ; l'attention publique s'est enfin portée sur un artiste
doué du génie le plus original, et qui occupe une place à part dans
l'histoire.

Plusieurs écrivains d'une autorité incontestable se sont livrés à des
études sérieuses sur la vie et sur les productions de cet homme étrange
dans sa vie privée et dans ses travaux [1]. Ses productions ont été étudiées ;
les connaisseurs les recherchent avec avidité, et leur prix, devenu déjà
fort élevé, tend à s'accroître de plus en plus.

Nous avons pensé qu'en offrant aux curieux quelques détails sur la vie
et sur les ouvrages de Goya, et en y joignant des reproductions photo-
graphiées de quelques-uns de ces *Caprices* où il a su joindre à la grâce

---

[1] La *Revue encyclopédique*, en 1832, et le *Magasin pittoresque*, en 1834, avaient parlé de
Goya, mais l'attention publique fut surtout éveillée, en 1842, par la publication, dans le
Cabinet de l'Amateur et de l'Antiquaire, d'une appréciation sortie de la plume de M. Théophile
Gautier, et tracée avec le coloris qui caractérise le style de cet écrivain ; un catalogue de
l'œuvre de Goya, dressé par M. E. Piot, complétait cette notice. L'*Encyclopédie du XIXᵉ siècle*,
le *Dictionnaire de la Conversation*, la *Nouvelle Biographie générale* publiée par la maison Didot,
ont donné des Notices à Goya. M. L. Matheron lui a consacré un petit volume imprimé avec
beaucoup de soin (1858, in-18). Un recueil fort apprécié des curieux, la *Gazette des Beaux-Arts*,
a publié de précieux renseignements transmis de Madrid. Nous avons consulté ces diverses
sources d'informations.

du dessin une profondeur de raillerie qui le place au-dessus de l'anglais Hogarth et de notre Gavarni, nous ferions une œuvre digne d'être accueillie avec quelque intérêt.

Nous chercherons à être concis et exact; et afin de mettre dans notre Notice autant de clarté que possible, nous la diviserons en cinq parties, consacrées à raconter rapidement la vie de Goya et à faire connaître ses travaux.

I

François Goya y Lucientes naquit, le 31 mars 1746, à Fuen-de-Todos, petite ville de l'Aragon, à peu de distance de Saragosse. Son père était doreur; il eut, au sujet de l'éducation de son fils, l'indifférence alors très commune en Espagne : il le laissa courir en liberté dans les montagnes. Ce genre de vie développa chez le jeune François une santé des plus robustes, une hardiesse à toute épreuve, et une agilité extrême. La nature l'avait doué de dispositions exceptionnelles pour le dessin. Il n'y avait, on peut le croire, nul professeur à Fuen-de-Todos; mais l'enfant s'amusait à jeter, sur le premier endroit venu, des croquis tracés avec n'importe quoi, et enlevés avec une fidélité, une prestesse admirables. Il venait de retracer sur un mur, avec un morceau de charbon, l'image d'un âne, lorsqu'un moine d'un couvent de Saragosse passa par là, reconnut le mérite que décelait cette esquisse improvisée, et engagea Goya à venir dans la capitale de l'Aragon se livrer à des études plus sérieuses. Ce fut ainsi que, en 1761, l'adolescent entra dans l'atelier d'un peintre médiocre, mais laborieux et instruit, Lujan, qui lui fit, pendant plusieurs années, copier des gravures. Il se rendit ensuite à Madrid, obligé, dit-on, de quitter Saragosse, à la suite d'une rixe où il y avait eu des morts et des blessés.

Mengs tenait alors, en Espagne, le sceptre de la peinture. Son genre académique, sévère dans sa régularité pompeuse, ne séduisit nullement le jeune Aragonais, qui, léger d'argent, mais riche d'espérance, partit pour l'Italie. Selon une tradition que nous ne garantissons pas, son départ fut hâté par le désir d'échapper à des inimitiés violentes qui s'étaient déjà manifestées par un coup de poignard perfidement porté dans le dos.

On a peu de détails sur la vie de Goya en Italie. Il vécut à Rome dans la retraite, s'isolant des autres artistes, et se livrant à l'étude des anciens maîtres. Dans ses vieux jours, il nommait David comme le seul peintre avec lequel il eut des relations d'amitié.

Un écrivain plein de goût et de zèle, auquel on doit d'excellents travaux sur l'histoire des arts, M. Paul Mantz, en fouillant courageusement les poudreuses collections du vieux *Mercure,* a découvert le compte-rendu d'une séance de l'Académie des Beaux-Arts, à Parme, le 27 juin 1771; il y est question d'un tableau de Goya; le sujet : *Annibal, du haut des Alpes, jette ses premiers regards sur les campagnes de l'Italie.* Le second prix est accordé à cette œuvre, où les Académiciens reconnaissent avec plaisir « un beau maniement de pinceau, de la chaleur d'expression dans le regard d'Annibal, et un caractère de grandeur dans l'attitude de ce général. »

Du reste, ces travaux n'empêchaient point Goya de se livrer à sa fougue habituelle et à ses témérités. Il grimpa un jour, au risque de se tuer cent fois, jusqu'à la portion la plus inaccessible de la coupole de l'église de Saint-Pierre, et il y grava son nom avec un couteau. Il se trouva compromis dans une folle aventure : une escalade de murs d'un couvent de religieuses fit scandale ; l'ambassadeur d'Espagne intervint, tira Goya de ce mauvais pas, mais lui donna le conseil de ne point différer de partir de la ville éternelle.

Revenu en Aragon, Goya demeura d'abord à Saragosse, mais il se rendit bientôt à Madrid; il fut chargé de composer des cartons pour la manufacture royale des tapisseries.

D'après un artiste espagnol (M. Calderera) qui s'est beaucoup et heureusement occupé de Goya, et que nous citons volontiers, ils sont remarquables par la grâce et « la nouveauté de l'invention, l'arrangement des » groupes et le grand mouvement des figures ; la lumière les inonde, les » fonds des scènes champêtres baignent dans le soleil, et les *majos* et les » *torreros* s'enlèvent en vigueur sur des tons bleus et fins. »

Une grande popularité s'attacha bientôt au talent de l'artiste, révélé de plus en plus par les vastes compositions qu'il exécutait, quoiqu'elles fussent peu de son goût, et par les tableaux de chevalet, par les scènes de genre, que multipliait son heureuse fécondité, et dans lesquels on trouvait avec plaisir des qualités jusqu'alors presque inconnues en Espagne. Le 7 mai 1780, il fut nommé membre de l'Académie de Saint-Ferdinand. On se disputait l'avantage de poser devant lui; les princes du sang, les diplomates, les savants, les dames de la cour voulaient absolument qu'il fît leur portrait. Il fut, à Madrid, ce que, presque à la même époque, était Reynolds à Londres, et ce que devait plus tard être Lawrence. En 1789, il fut nommé peintre de la Chambre du Roi, et, le 31 octobre 1799, il devint premier peintre de Sa Majesté. Le bon, mais incapable Charles IV, lui accorda une protection constante; le prince de la Paix, qui, de fait, régnait alors en Espagne d'une façon peu honorable et peu habile, fut toujours son patron; les plus grands seigneurs l'admirent dans leur intimité, en dépit de son humeur caustique et de son penchant à la satire. Deux duchesses qui rivalisaient de faste avec la reine, et qui avaient formé, à Madrid, une espèce de parti de l'opposition, la duchesse d'Osuna et la duchesse d'Albe, voulaient qu'il fût de toutes leurs fêtes.

L'originalité, l'indépendance qui formaient le caractère du talent de Goya, se retrouvaient dans sa vie privée. Tout aussi inconstant, aussi hardi que don Juan, il fut le héros d'une foule d'aventures galantes. Quelques traits de sa biographie intime ont été indiqués par M. Matheron; mais comme ils font partie du domaine de la chronique indiscrète, comme ils sont d'une authenticité douteuse, nous ne croyons pas devoir les reproduire.

Brave jusqu'à la témérité, et fort habile à manier l'épée, il eut plus d'un duel, et ses adversaires furent souvent maltraités. A la suite d'une rencontre qui avait été fatale pour un autre que pour lui, il dut s'absenter de Madrid pendant quelque temps. Il était alors d'usage que des maîtres d'armes fissent, les dimanches et les fêtes, des assauts en plein vent, afin d'amuser le public. L'artiste vint souvent se mêler à ces combats, et toujours son fleuret rapide criblait de coups la poitrine de ses adversaires.

On sait quelles perturbations amenèrent, en Espagne, les intrigues politiques qui préparèrent l'abdication de Charles IV, les scènes de Bayonne, l'invasion française, et cette guerre terrible à laquelle quatre nations prirent part, et qui ensanglanta la péninsule jusqu'en 1814. Au

milieu de tant de calamités, Goya se maintint dans un silence que dictait
la prudence; mais les *Scènes d'invasion,* dont nous parlerons plus tard,
constatent qu'il ressentait bien vivement les malheurs de sa patrie. Le
roi Joseph voulut se faire peindre par l'artiste qui avait déjà fait les
portraits des souverains déchus, et, en 1812, Goya retraça avec toute la
vigueur de son talent les traits du frère de Napoléon. Ceci n'empêcha
point Ferdinand, lorsqu'il eut été rétabli en possession du pouvoir absolu,
de laisser au vieil artiste ses titres et la pension de 48,000 réaux (payés
peut-être avec peu d'exactitude), dont il jouissait comme premier peintre
de la Chambre. Au milieu de la persécution acharnée qui poursuivait les
afrancesados, Goya resta libre et paisible; mais il devenait vieux; la
société qui l'avait entouré dans ses belles années était détruite; sa femme
était morte; il était atteint d'une surdité complète; il ne voulut pas donner
à ses compatriotes le triste spectacle de sa décrépitude, et il se décida à
aller finir ses jours à l'étranger. Mettant en avant le prétexte d'aller
consulter de célèbres médecins à Paris, il se fixa à Bordeaux, ville dont
le climat se rapprochait de celui de la péninsule, et où se trouvaient
d'ailleurs de nombreux Espagnols. Il vécut dans la retraite, ne donnant
plus d'autres vestiges de son activité passée qu'en crayonnant à grands
traits quelques lithographies où se retrouvent encore des traces de la
prestesse hardie de sa main exercée. Ayant complètement perdu le sens
de l'ouïe, et devenu presque aveugle, il s'éteignit le 16 mars 1828, entouré
de quelques amis, et dans les bras de son fils, qui était venu le rejoindre [1].
Tous les Espagnols alors à Bordeaux assistèrent à ses funérailles, et son
corps fut déposé dans le tombeau de famille de M. Goycvechea, un exilé,
ancien maire de Madrid. Don Pio de Molina fit graver sur le monument
une épitaphe latine; Goya y est qualifié de *peritissimus pintor, magnaque
sui celebritate notus.*

[1] M. Paul Mantz a publié, dans les *Archives de l'art français,* t. I, p. 219, l'acte de décès
de Goya, mort à Bordeaux, le 16 avril 1828, à l'âge de quatre-vingt-cinq ans. Cette date
porterait la naissance de l'artiste à 1742; mais on peut croire qu'il y a eu erreur, et que les
témoins ont indiqué un à peu près sans valeur historique.

II

Les tableaux de Goya, qui suffiraient à la gloire d'un autre artiste, ne sont pas le plus éclatant de ses titres à la célébrité. Il en a laissé d'ailleurs un grand nombre. On distingue, parmi tant de productions, des compositions allégoriques pour les plafonds de l'hôtel du prince de la Paix, devenu le Ministère de la Marine; une grande toile représentant l'infant don Luis et sa famille, une autre montrant Charles IV également entouré de sa famille (l'artiste s'est placé dans un coin du tableau); les portraits du comte Florida Blanca, de M. Guillemardet, ambassadeur de la République française, en 1798. On trouve, au Musée de Madrid, des portraits équestres de Charles IV et de la reine Marie-Louise, un *Picador*, une Loge *à una corrida de toros*, des études de nature morte; à l'Académie de San-Fernando : une Femme couchée en costume de *maja*, un Auto-da-fé, une Maison de fous, une Scène populaire à Madrid, *el entierro de la Sardina*, cérémonie burlesque qui accompagne la fin du carême; divers épisodes de combats de taureaux. — Au Musée espagnol du Louvre, huit tableaux qui ont été rendus à la famille du roi Louis-Philippe : un portrait de Goya, un portrait en pied de la duchesse d'Albe, des Forgerons, Lazarille de Tormès, des *Manolas* à un balcon, la dernière Prière d'un condamné, un Enterrement. M. Matheron indique comme se rencontrant dans des collections à Bordeaux (aujourd'hui dispersées), une *vieille Femme à sa toilette* (variante du n° 55 des *Caprichos*), une *Parque* (variante du n° 44), des Voleurs arrêtant une berline; il mentionne aussi divers portraits (du naturaliste Azara, du peintre Bayen, etc.), et quelques autres sujets.

Signalons également, dans l'antichambre du Musée de Madrid, une Scène de la journée du 2 mai, journée célèbre dans l'histoire de l'Espagne, date d'un soulèvement réprimé avec vigueur et sans beaucoup d'efforts par l'armée française. Nous lisons, dans le livret de M. Matheron, que Goya exécuta ce tableau en se servant d'une cuiller en guise de pinceau, et à ce propos, le même écrivain nous montre l'artiste retraçant sur un mur un épisode de cette même journée, en n'employant, aux yeux de la foule ébahie, que de la boue ramassée dans la rue et son mouchoir. Nous doutons un peu, nous devons l'avouer, de l'exactitude de l'anecdote.

Le sentiment religieux manquait tout à fait à Goya, lequel professait, sans ostentation cependant, les principes de la philosophie moderne. Il dut toutefois obéir aux exigences de sa situation officielle et aux habitudes de sa patrie, en produisant un grand nombre de tableaux d'église.

Parmi ses travaux en ce genre, on distingue les fresques de la chapelle Saint-Antoine de la Florida, des cloîtres de la cathédrale de Tolède, de l'église de Notre-Dame del Pilar, à Saragosse. La composition de ces œuvres est large ; il y a de la hardiesse dans la disposition des groupes ; le coloris est solide et harmonieux ; quelques figures ont une belle expression ; mais le sentiment intime, profond, qu'aurait inspiré la foi ne se montre jamais. Mentionnons aussi : la *Communion de saint Joseph de Calasanz,* dans l'église de l'Escuela Pia, à Madrid ; la *Trahison de Judas* (cathédrale de Tolède), les deux tableaux de *Saint François de Borja* (cathédrale de Valence), et le Crucifix de grandeur naturelle, peint à l'entrée du chœur de l'église de Saint-François, qui lui fit obtenir, en mars 1780, le titre de Membre de l'Académie de Saint-Ferdinand.

On trouvait chez des amateurs espagnols (mais une partie a passé en Angleterre) un certain nombre de tableaux représentant des scènes populaires, des courses de taureaux, des épisodes de voleurs et de sorcières. M. Carderera signale, en ce genre, les compositions qui ornent l'Alameda, somptueuse demeure appartenant au duc d'Osuna, et quatre toiles du plus grand mérite, dont M. F. Uriarte est l'heureux possesseur. Il y en avait un grand nombre dans la collection qu'avait formée M. André del Peral.

Nous avons déjà dit que les portraits qu'exécuta Goya se multiplièrent en foule. Il lui suffisait ordinairement d'une séance d'une heure pour reproduire une tête, et les portraits qu'il expédiait ainsi avec le plus de rapidité étaient les plus ressemblants. Dans les premiers temps de son séjour à Bordeaux, il fit plusieurs portraits, entre autres ceux de deux de ses amis, Juan Muguiro et Pio de Molina, et de M. Jacques Galos, négociant bordelais qui rendit avec délicatesse des services au vieil artiste.

M. Carderera dit n'avoir vu de Goya que trois aquarelles; elles sont, comme ses dessins, d'un faire et d'un coloris étrange. Des *toreros*, tranquillement assis dans l'intervalle de quelque course, s'entretiennent avec des *manolas* en mantille. « Le travail est préparé avec du noir plus ou » moins étendu; mais les tons locaux sont posés avec la sobriété et la » tenue qu'on remarque dans les petits tableaux du maître. Les montagnes » et les lointains sont d'une exquise finesse. »

Un mot encore avant d'en avoir fini avec les tableaux de notre artiste. M. Louis Viardot, dans le livre qu'il a consacré aux *Musées* de Madrid et de quelques autres capitales, apprécie le talent de Goya [1]. « Sans maître » et sans élèves, talent incorrect, capricieux, sauvage, dépourvu de » méthode, mais plein de sève, d'esprit, d'audace et d'originalité. Dans » ses espèces de caricatures peintes, il se montre étincelant de verve, de » malice, et l'exécution est toujours supérieure au sujet. »

Empruntons aussi une page à un travail intéressant, sorti de la plume d'un judicieux connaisseur, M. Clément de Ris (*Le Musée royal de Madrid*, 1859, in-18, p. 31) :

« Sauf deux ou trois portraits que contenait la galerie espagnole formée par le roi Louis-Philippe, je ne crois pas que l'on puisse trouver en France la moindre peinture de Goya. Elles sont, au contraire, très communes en Espagne. J'en ai vu chez M. de Salamanca, qui en a de fort belles, et chez M. Medrazo. Goya n'était ni un dessinateur ni un coloriste. Malgré des études premières assez suivies, et un prix remporté à l'Académie de Rome, il dédaignait évidemment les premiers éléments de son art; mais

---

[1] Relevons, en passant, deux petites erreurs : Goya ne portait point le prénom d'Antonio, et ce n'est pas en 1832 qu'il est mort.

il les remplaçait par une fougue qui compose toute son originalité, et qui
lui fait trouver des effets que personne n'oserait. Son dessin est élémentaire
et d'une incorrection choquante ; mais le mouvement est toujours saisi et
rendu avec force et originalité. Sa couleur est terne et blafarde, et semble
couverte d'un crêpe ; mais avec des instruments si barbares, l'impression
qu'il produit est souvent vraie et toujours vive. Il avait ce que Voltaire
appelle le diable au corps. J'ai vu, accrochée dans un corridor obscur,
une grande ébauche faite à coups de poing, et représentant la *Révolte
du 2 mai*. Les chevaux ressemblent à des bêtes apocalyptiques, les figures
à des guenilles ; mais au milieu de ce tohu-bohu de formes et de couleurs,
il y a un jeune homme qui se précipite sur un mameluck à cheval et le
poignarde, d'un admirable mouvement et d'un style presque antique. Au
reste, quand Goya voulait être plus calme et contenir son talent, il pouvait
parfaitement produire d'excellents morceaux. Témoin le beau portrait de
femme voilée que possède M. de Salamanca ; témoin l'autre portrait de
femme couchée, vêtue d'un costume de *maja*, jaune, rouge et noir, placé
à l'Académie. Cette toile est peinte des deux côtés, et le revers, que l'on
ne montre qu'aux privilégiés, représente la même femme dans un état
complet de nudité. La chronique prétend que cette charmante fille était
la maîtresse de Goya, *manola* d'une grande beauté, et, comme le peintre,
amateur émérite de courses de taureaux.

» Descendant déjà bien affaibli de Ribera et de Velasquez, Goya se
rattache encore directement à leur école ; mais il emporte la tradition
avec lui. La peinture espagnole est couchée dans sa tombe, et rien ne
fait prévoir qu'elle doive jamais en soulever la pierre. L'académie de San
Fernando, comme toutes les académies possibles, formera d'honnêtes
praticiens, de consciencieux et respectables ouvriers, auxquels il ne
manquera, pour être des artistes, que ce qui ne s'enseigne pas : le feu
sacré, que Goya n'avait dérobé à aucune académie, et qui en a fait le
dernier des artistes espagnols. »

M. Lavice, dans sa *Revue des Musées d'Espagne* (Paris, veuve Renouard,
1864), a tout récemment apprécié les tableaux de Goya.

Le portrait de Marie-Louise lui paraît faible ; le portrait équestre de
Charles IV, d'une teinte rouge et uniforme, est mauvais. Dans une salle

qui ne contient guère que des portraits de la famille royale d'Espagne,
il se trouve deux productions de Goya d'un faible mérite : l'une montre
des gentilshommes se disposant à combattre des taureaux ; l'autre représente Charles IV, dont le visage jovial annonce la bonhomie, et Marie-
Louise, à la physionomie revêche et fière. Elle tient un enfant par la
main ; un autre est porté par une nourrice. — La *Loge au cirque des
taureaux,* composition originale dont l'exécution laisse à désirer. — A
l'Académie de Madrid, le portrait en pied d'une dame qu'on croit la
duchesse d'Albe, étendue sur un lit, les bras relevés sur la tête, offrait
dans le principe plus de déshabillé que celui qui depuis a été accordé à
la décence. La figure est jolie, spirituelle, un peu maigre ; peinture faible.
Dans les quatre petits tableaux représentant un Auto-da-fé, une Maison
de fous, etc., il y a un mérite véritable, un style original, mais l'exécution
laisse à désirer, surtout par rapport au coloris et à la lumière.

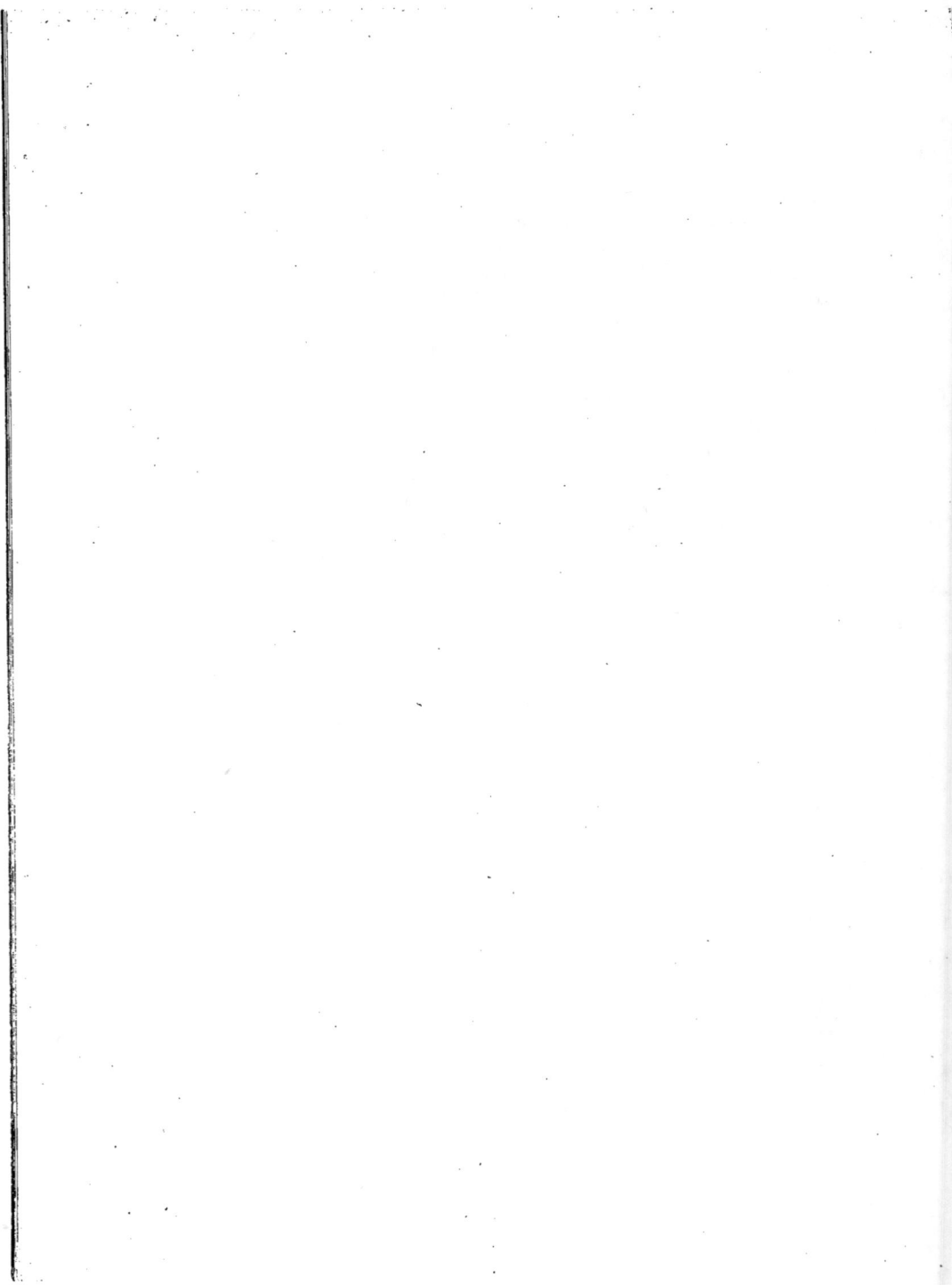

III

Les dessins de Goya doivent nous occuper un instant.

Il en produisit beaucoup, mais bien peu ont franchi les Pyrénées; c'est en Espagne qu'est restée cette grande quantité de croquis, de fantaisies de toute espèce, pour lesquels il faisait usage du crayon noir, du crayon rouge, de la plume. Parfois il se contentait d'un simple trait, parfois il accusait vigoureusement les ombres. Il se plaisait aussi à dessiner des figures plongées dans des cachots, des ouragans au milieu desquels planent des êtres sinistres et fantastiques; il étendait là de vastes masses d'ombre. Souvent il prenait un papier gris foncé ou bleu, et, se servant d'un crayon blanc ou de la craie, au moyen de quelques touches de lumière ou de demi-teintes mélangées avec art, il faisait vivre, marcher des personnages.

M. Carderera est le fortuné possesseur des feuillets détachés d'un carnet de poche que Goya couvrit de dessins et d'esquisses tracées pendant un voyage où il accompagna la belle duchesse d'Albe, sa protectrice, exilée en Andalousie par ordre de la reine. Ces esquisses représentent une femme à la taille mince et souple : tantôt, debout, drapée dans un châle, elle lève le bras et donne un ordre; tantôt, dans un négligé coquet, ses longs cheveux tombant sur ses épaules, elle écrit; tantôt elle regarde le ciel avec une expression de désespoir, ou bien elle s'évanouit, mais un brillant officier se trouve là pour la soutenir.

Lorsque les compositions de Goya montrent une dame svelte, à la tournure pleine d'élégance, aux yeux de flamme, aux sourcils arqués, les amateurs reconnaissent cette patricienne.

Un autre carnet, sur papier bleuâtre, également en la possession de M. Carderera, fut rempli de dessins de la main de Goya lorsqu'il fut revenu à Madrid. Chaque feuillet offre de chaque côté une esquisse. Ce sont, pour la plupart, des études de femmes au costume pittoresque, à la démarche provocante; des élégantes se promènent, gracieusement coiffées de la mantille nationale; des groupes sont réunis autour d'un repas champêtre. C'est gai et lumineux. Il n'y a ni ces scènes lugubres qui furent plus tard pour l'artiste un objet de prédilection, ni ces effets exagérés de clair-obscur où il se complaisait.

D'autres dessins, tracés plus tard, sont faits sur du papier commun, et Goya ne se servait alors que de l'encre; mais parfois il y joignait la première substance venue, et jusqu'à du tabac rouge, que lui fournissait la tabatière d'un ami. C'est ainsi qu'est dessiné un *Don Quichotte,* habilement reproduit par M. Bracquemond pour la *Gazette des Beaux-Arts.* Le célèbre chevalier, long, maigre, décharné, l'épée au côté, tient en ses mains un in-folio posé sur une table. Son chien le regarde, et autour de lui se dressent des fantômes hideux ou grotesques, des images de femmes.

C'est d'après un dessin de Goya appartenant à M. Carderera que la *Gazette* dont nous parlons a, dans son cahier d'août 1863, reproduit une scène familière traitée avec une grâce charmante. Tandis qu'une femme, de mœurs légères peut-être, est à demi-couchée sur un lit de gazon, une autre femme se penche pour rattacher sa jarretière, et, derrière elle, le bras levé, la main ouverte, prêt à se permettre un mouvement familier, une surprise frappante, s'avance, sur la pointe du pied, le jarret tendu, un élégant cavalier, de bonne mine, posant le doigt sur la bouche pour faire signe à la belle qui le voit de ne rien laisser soupçonner à la confiante amie qu'il menace d'une attaque soudaine.

Vers 1798, Goya dessina les portraits des plus célèbres peintres de l'Espagne; il les donna à son ami Cean Bermudez, pour accompagner l'ouvrage que celui-ci mettait au jour sous le titre de *Diccionario histórico de los mas ilustres profesores de las bellas artes en España* (Madrid, 1800,

6 vol. 8°), et, dans le frontispice, il esquissa le portrait de ce zélé ami des arts [1].

M. Carderera possède deux études : l'une au crayon rouge, l'autre au crayon noir; ce sont des figures de Wellington, qui servirent à l'artiste pour le grand portrait équestre qu'il fit du général anglais. Elles portent un cachet d'individualité étonnante.

M. Matheron indique un amateur de Madrid, M. R. G..., comme possédant plus de trois cents dessins de Goya. Il serait bien désirable d'avoir, à cet égard, quelques informations. Pourquoi l'heureux propriétaire de ces trésors ne consentirait-il pas à laisser la photographie en reproduire quelques-uns?

Mentionnons, enfin, d'après M. Carderera, vingt-quatre dessins faits à Bordeaux, au crayon noir, et de format petit in-4°. On y remarque un condamné conduit à la guillotine, et accompagné d'un prêtre; l'artiste a écrit à côté : *Supplice français.* Un autre dessin, rapidement et finement touché, représente deux dames assistant à la messe.

---

[1] Le *Diccionario* est rare en France. Un bon juge, Ticknor, dans son *History of spanish litterature* (t. I, p. 20), le qualifie d'ouvrage excellent.

17

IV

C'est surtout comme graveur que Goya s'est placé à un rang très élevé ; il n'eut ni modèles, ni conseils, et, du premier coup, il sut trouver les secrets de l'art. La hardiesse, la facilité, le brillant de sa pointe, sont restés inimitables, et sa personnalité éclate de la façon la plus remarquable dans chacune de ses productions. Son talent, bien que parfaitement original, est un mélange étonnant de Velasquez, de Callot et de Rembrandt. Comme caricaturiste (et il faut employer ce mot faute d'une expression plus juste), c'est un génie tout à part. La fantaisie n'exclut pas la réalité. Il retrace des personnages impossibles, inouïs, mais frappants de vérité ; il dessine des fantômes effrayants, et il reproduit à merveille toute la grâce des Castillanes les plus séduisantes. Nous indiquerons successivement les diverses gravures de Goya, en consacrant aux *Caprices* un chapitre spécial, ainsi qu'aux *Scènes d'invasion* et aux *Proverbes*.

La *Tauromaquía* est un recueil de trente-trois estampes dont il se trouve quelques exemplaires en France. Goya s'est proposé de retracer les diverses façons de combattre le taureau, depuis l'époque antérieure à la domination romaine jusqu'au commencement du dix-neuvième siècle. Il montre tour à tour et le Cid et Charles-Quint frappant de leur lance des taureaux furieux, et le fameux Martincho posant les *banderillas*, opération fort périlleuse qui exige une prestesse extraordinaire. Ailleurs, Martincho fait pirouetter un taureau qu'il a saisi d'une main par une corne, de l'autre par la queue. Deux autres gravures représentent des actes d'une folle témérité de ce même Martincho, qui se plaça au premier rang des

3

espadas du dix-huitième siècle. Assis sur une chaise, les pieds enchaînés, et à quelques pas de la porte de la loge du taureau, son chapeau dans une main, son épée dans l'autre, il attend l'animal furieux, et s'il ne lui donne pas la mort du premier coup, il ne peut manquer de la recevoir. Une autre fois, les pieds toujours enchaînés, et debout sur une table, il bondit par-dessus le taureau qui l'attaquait. Les prouesses de l'Indien Mariano Ceballos, qui, à cheval, tua un taureau d'un coup d'épée, et qui, une autre fois, s'élança sur le dos d'un autre taureau ; celles d'une femme, la Pajuelera, qui remplit le rôle d'un *picador* ; celles du picador Randon, tuant un taureau d'un coup de lance ; du *matador* Petro Romero, frappant un taureau d'un coup d'épée porté entre les deux cornes, et si bien appliqué que le quadrupède tomba foudroyé et sans mouvement aux pieds de l'artiste. Tous ces exploits sont retracés par Goya, qui montre aussi Pepe Hillo faisant la *recorte* au taureau, c'est-à-dire le serrant de très près, et le saluant.

La trente-troisième planche de la *Tauromaquia* fait voir la fin malheureuse de Pepe Hillo, dans le cirque de Madrid, le 11 mai 1801. Il manqua le coup qui devait tuer le taureau, et ne fit que le blesser. L'animal, furieux (et c'était assez naturel), saisit le matador de la corne droite, le jeta en l'air, et, dès qu'il fut retombé, fondit sur lui avec la rapidité de l'éclair, lui plongea une corne dans la poitrine, et l'éleva en l'air. On vit le malheureux *torero* faire un effort désespéré pour sortir de cette affreuse position ; mais, lancé de nouveau dans l'arène, il ne se releva plus [1]. Une autre gravure retrace une catastrophe arrivée également à Madrid. Un taureau fort agile franchit la barrière qui sépare le cirque de l'enceinte réservée aux spectateurs, et tua un alcade nommé Torrejos.

Enthousiaste amateur des *corridas*, Goya a retracé, avec une fidélité parfaite, ce qu'il avait vu tant de fois. La *Tauromaquia* montre ce qu'est

---

[1] Pepe Hillo, dont le vrai nom était José Delgado, écrivit, ou plutôt laissa paraître sous son nom (les *toreadores* n'écrivent pas, et pour cause) un volume intitulé : *Tauromaquia, ó Arte de torear á caballo y á pié*. C'est un volume in-8° accompagné de trente planches coloriées; il fait autorité en son genre. Il en a paru plusieurs abrégés. Un livre du même genre, mais plus descriptif et moins technique, destiné aux amateurs et non aux artistes, a vu le jour à Londres, en 1852, in-folio. C'est un recueil de vingt-six lithographies, dessinées par M. L. Price, et accompagnées d'un texte qu'a rédigé M. R. Ford.

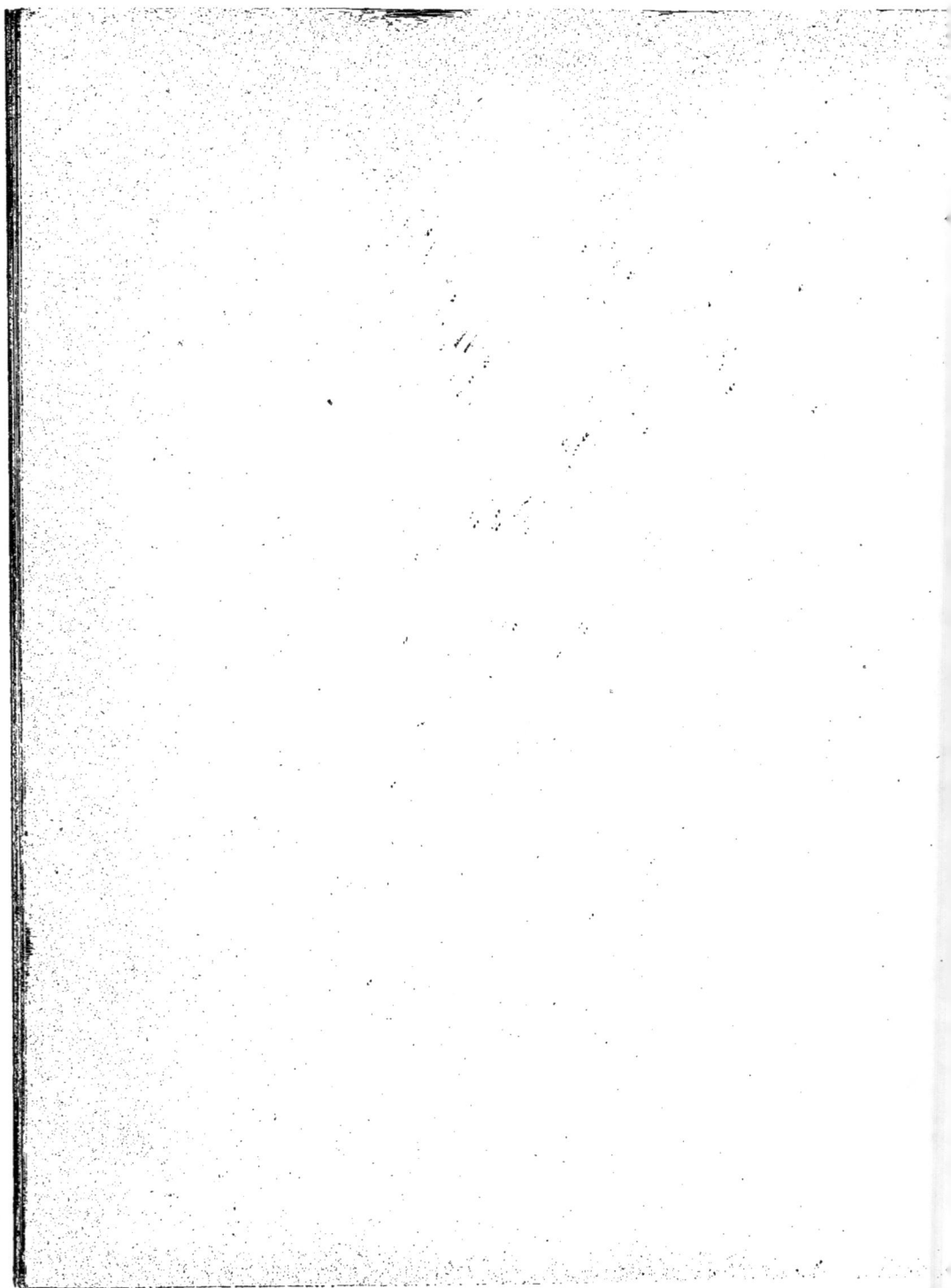

réellement la lutte de l'homme avec le taureau : une chose savante et profondément raisonnée ; elle a pour base une étude minutieuse des facultés, des instincts, de la construction de l'animal. On sait qu'il ne peut se replier que très difficilement sur lui-même. Du reste, tout doit se passer loyalement, et lorsque le taureau a renversé les *picadores,* éventré les chevaux, mis en fuite les *chulos,* il est applaudi à toute outrance, et il est le héros de la fête ; mais il ne doit pas moins mourir : tout taureau lâché dans le cirque ne peut en sortir vivant.

M. Théophile Gautier a apprécié fort judicieusement cette suite de gravures. Quoique les attitudes, les poses, les défenses et les attaques, ou, pour parler le langage technique, les différentes *suertes* et *cogidas* soient d'une exactitude irréprochable, Goya a répandu sur ces scènes ses ombres mystérieuses et ses couleurs fantastiques. Quelles têtes bizarrement féroces, quels ajustements sauvagement étranges, quelle fureur de mouvement ! Ses Maures, compris un peu à la manière des Turcs de l'Empire sous le rapport du costume, ont les physionomies les plus caractéristiques. Un trait égratigné, une tache noire, une raie blanche, voilà un personnage qui vit, qui se meut, et dont la physionomie se grave pour toujours dans la mémoire. Les taureaux et les chevaux, bien que parfois d'une forme un peu fabuleuse, ont une vie et un jet qui manquent bien souvent aux bêtes des animaliers de profession.

Goya avait gravé six autres planches pour la *Tauromaquia ;* des figures plus petites, des groupes plus nombreux se détachant par des contrastes habiles d'ombre et de lumière, furent malheureusement effacés par l'artiste, qui, n'ayant point en ce moment d'autre cuivre sous la main, improvisa dessus d'autres scènes.

Les *Scènes d'invasion* ou les *Misères de la guerre* sont un lugubre résumé des malheurs qui fondirent sur l'Espagne après l'abdication de Charles IV et de Ferdinand ; elles sont exécutées à l'eau-forte mêlée d'aqua-tinta. Rien de plus triste que ces petites estampes : champs de bataille jonchés de morts ou couverts de blessés, patriotes fusillés ou pendus, paysans combattant avec fureur, femmes luttant avec désespoir, pillage, famine, images

de la licence
Où du soldat vainqueur s'emporte l'insolence.

On ne connaît que quelques épreuves de ces planches, et il en est qui sont numérotées de 28 à 40, ce qui démontre que l'artiste avait exécuté plus de vingt gravures; mais il paraît en avoir détruit un certain nombre.

L'exemplaire de M. Carderera porte des épigraphes écrites au crayon de la main de l'artiste. « Elles ne furent jamais gravées; elles sont brèves, incisives, d'un accent d'amertume vraiment touchant. Qu'y a-t-il besoin de légendes à ces scènes où la perfection du dessin, la vérité des poses luttent avec l'émotion du drame? Les épigraphes, qu'eussent-elles ajouté à cette scène où des pillards volent à des cadavres amoncelés leurs derniers vêtements? La plupart de ces admirables pièces, dans lesquelles l'anatomie est rendue avec la plus rare élégance, sont gravées à l'eauforte pure, sans mélange d'aqua-tinta; les lointains sont d'une exquise délicatesse. Certaines seraient dignes d'avoir été signées par Rembrandt. » Mais ce n'est pas tout, M. Carderera a le bonheur de posséder la suite complète, et pour la très grande partie inédite, des dessins des *Scènes d'invasion.* Ils sont au nombre de soixante-douze, exécutés au crayon rouge, sur papier in-4°, en travers, et cinq sont au crayon noir et à l'encre, comme si Goya eût appelé ces tons funèbres au secours de son imagination émue. L'artiste semble avoir voulu donner un démenti de génie à ceux qui l'accusaient d'ignorer le dessin. Les cadavres, dépouillés de leurs vêtements, ont été étudiés sur nature, et leurs formes ont parfois une noblesse et une éloquence inconnues même à des peintres de premier ordre.

Les mots : *J'ai vu cela,* écrits en marge de quelques-uns de ces dessins, prouvent que Goya avait été le témoin indigné des scènes d'horreur qu'il a retracées.

La planche avec le numéro 20, celle qui paraît former le dernier mot de la série à laquelle s'était arrêté le maître, est effrayante. Le scepticisme de l'artiste s'y montre de la façon la plus lugubre. M. Théophile Gautier décrit avec sa vigueur habituelle cette redoutable composition : « Il y a » un de ces dessins tout à fait terrible et mystérieux, et dont le sens, » vaguement entrevu, est plein de frissons et d'épouvantements. C'est un » mort à moitié enfoui en terre, qui se soulève sur le coude, et, de sa » main osseuse, écrit, sans regarder, sur un papier posé à côté de lui,

» un mot qui vaut bien les plus noirs du Dante : NADA! *(néant)!* Autour
» de sa tête, qui a gardé juste assez de chair pour être plus horrible
» qu'un crâne dépouillé, tourbillonnent, à peine visibles dans l'épaisseur
» de la nuit, de monstrueux cauchemars, illuminés çà et là de livides
» éclairs. Une main fatidique soutient une balance dont les plateaux se
» renversent. Connaissez-vous quelque chose de plus sinistre et de plus
» désolant? » (Nous décrirons plus loin les quatre-vingts planches de cette
série.)

Les *Proverbes ou Rêves (Sueños)* forment une suite de dix-huit planches,
qui sont, jusqu'à la mort du fils de l'artiste, restées enfouies dans un vieux
coffre. En 1850, elles parurent à Madrid; mais il n'en est peut-être pas
venu trois exemplaires en France. C'est M. Carderera qui a fait connaître
l'existence de ces gravures à l'aqua-tinta et à l'eau-forte. On y reconnaît
tout le goût de Goya pour les scènes fantastiques, où il mêlait souvent
l'élément comique, où il jetait parfois aussi une sombre terreur. Un
spectre énorme, debout, dans une campagne qu'éclairent à peine les
faibles rayons de la lune, met en fuite une troupe de soldats qui roulent
par terre, ou s'enfuient en poussant des cris d'effroi; un d'eux, moins
épouvanté que ses camarades, se soulève, et s'aperçoit qu'il n'y a là
qu'un tronc d'arbre couvert d'un suaire blanc. C'est une variante d'un des
Caprices.

Un meurtrier vient de frapper une femme; il traîne le cadavre, qu'il
veut précipiter dans une rivière. Des spectres, à la chevelure désordonnée,
aux yeux vides, s'agitent autour de lui. Il en est un qui, poussant un épouvantable éclat de rire, danse le fandango, en agitant des castagnettes; ses
chausses, ornées de rubans, laissent apercevoir des ossements décharnés.

Des hommes, coiffés de têtes d'oiseaux, se sont attachés aux bras des
ailes auxquelles se relient des cordes partant de leurs pieds; ils volent
ainsi dans l'espace. N'y aurait-il pas là quelque intention satirique? Mais
comment en trouver la clef?

Au bord d'un précipice que surplombe une gigantesque branche d'arbre
séculaire, une troupe de Bohémiens a fait halte. La saison devient rigou-
reuse; les pauvres vagabonds se pressent les uns contre les autres. Il y a
là des vieilles d'une laideur prodigieuse; de jeunes filles aux yeux étin-

celants et au minois le plus provocant; des hommes à l'aspect sinistre, et qu'on serait peu satisfait de rencontrer au coin d'un bois.

. M. Carderera est l'heureux possesseur des dessins des *Sueños;* dix n'ont pas été publiés à cause de la hardiesse des idées. Il s'exprime ainsi à leur égard : « Ils sont exécutés avec une furie terrible; non pas à la pointe du pinceau, mais avec une brosse trempée dans de la terre rouge. Si on n'y trouve plus les finesses de dessin et la sûreté d'exécution des *Caprices* et des *Scènes d'invasion,* ils décèlent une conception si hardie, si fantasque, si proche du sublime, qu'aucun artiste n'a jamais fait, à notre avis, rien qui soit comparable. Dans un de ces dessins, une figure d'homme nu et maigre, un spectre presque, avec de grandes ailes de dragon, se cramponne à un rocher qui va s'écrouler, et regarde le ciel, qu'il veut escalader. Comment traduire l'impression de terreur de cette tête maigre et chauve? Comment dire la perfection des mains qui s'attachent aux saillies du rocher? Dans le lointain, deux figures voilées replient leurs ailes, et paraissent tomber dans l'espace. »

L'*Homme garrotté* est une pièce effrayante dans sa simplicité. C'est la tête d'un supplicié étranglé au moyen du *garrote,* substitué, par les Espagnols, à la potence dont les Anglais persistent à maintenir l'usage. On ne peut rien voir de plus lugubre et de plus sinistre; le dessin de la tête et des mains est admirable; le raccourci des pieds et la construction des doigts sont vraiment surprenants.

M. Burty fait observer qu'à l'aide d'un procédé dont les résultats sont extrêmement frappants, on a obtenu de cette pièce quelques épreuves en *fac-simile.*

Goya a laissé plusieurs autres gravures, mais comme il n'en a tiré qu'un nombre d'épreuves extrêmement restreint (quelquefois deux ou trois), et comme il en a presque toujours détruit les cuivres, elles sont restées inconnues. M. Carderera, qu'il faut toujours citer lorqu'on s'occupe de l'artiste auquel il a voué le culte le plus éclairé, en décrit plusieurs. Nous allons les signaler d'après lui :

Un paysage fantastique, des rochers énormes qui paraissent prêts à crouler, de grands arbres entrelaçant leurs rameaux, une plaine baignée par une rivière, de gros nuages.

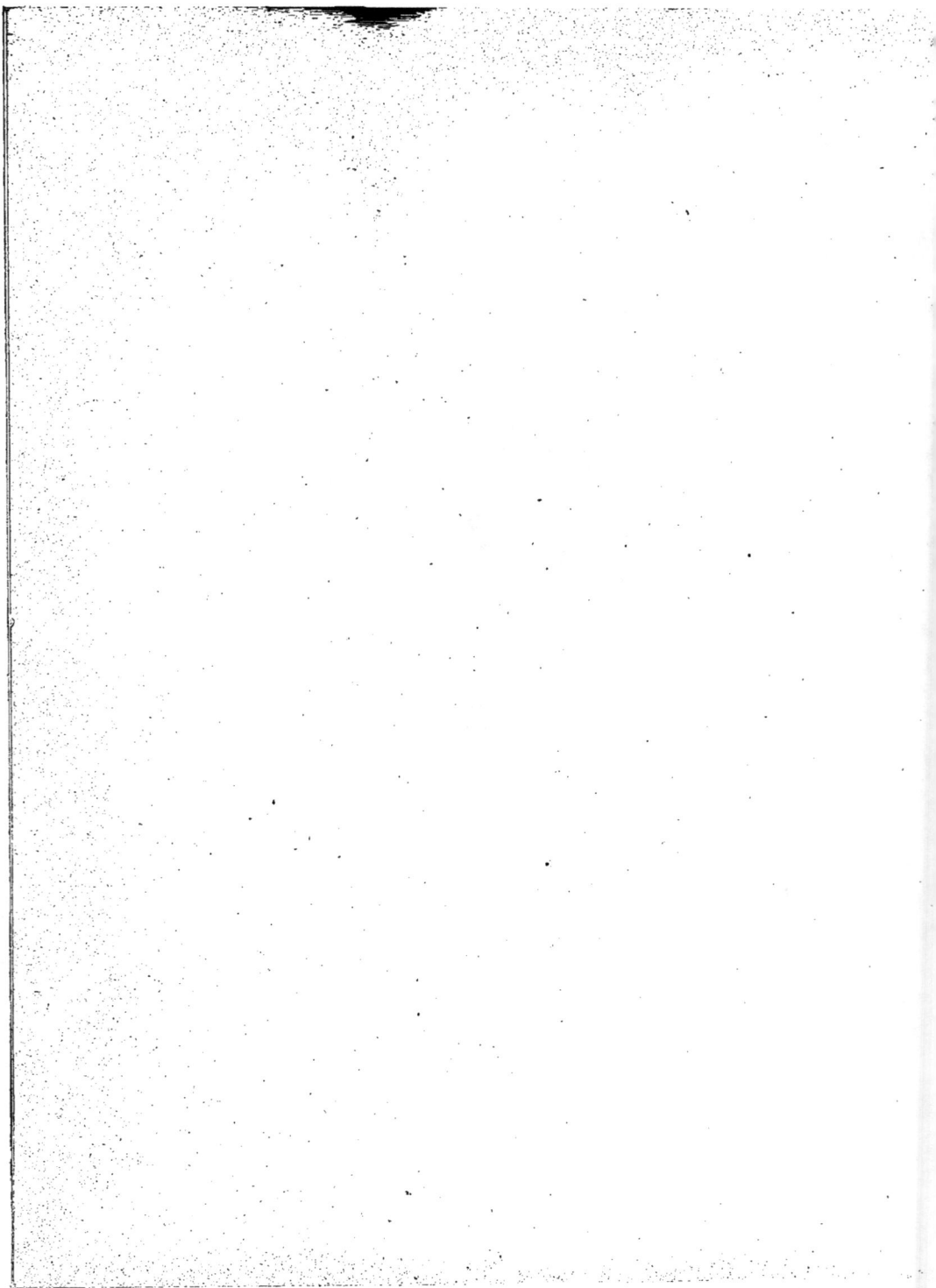

Un rocher colossal, à sa base une cascade; à l'horizon quelques arbres et les murailles d'une ville.

Un prisonnier à longue barbe, les fers aux pieds; une chaîne l'attache au mur d'un cachot obscur. Au-dessous, l'artiste a écrit : « S'il est criminel, il faut le juger sans le faire souffrir davantage. »

Autre prisonnier vu presque de face, ses pieds sont chargés de fers; le jour arrive à travers la grille : « On peut s'assurer d'un criminel sans le tourmenter. »

Prisonnier, les mains croisées, attachées par une forte chaîne qui rejoint son cou : « Cette mesure de sûreté est aussi barbare que le crime. »

Goya ne tira que quelques épreuves de ces diverses pièces.

Empruntons encore à M. Carderera la description d'une pièce extraordinaire, « véritable tour de force, autant par la fécondité de l'imagination que par l'audace du procédé. Goya débuta par noircir sa planche avec de l'acide nitrique; puis, lorsqu'elle fut attaquée, il commença à faire sortir le dessin qu'il méditait en retirant les lumières, puis les demi-teintes, absolument comme un dessinateur qui lève avec de la mie de pain des clairs sur un papier frotté de crayon. Il obtint une composition digne de Michel-Ange. »

Il montra un colosse immense, un homme nu, à longue barbe, aux traits énergiques et puissants. Il est vu presque de dos, assis sur le sommet d'une colline. L'exiguïté des villes et des rivières semées dans le paysage indiquent une vaste étendue de terrain, et fait ressortir les proportions du géant qui, les mains sur les genoux, tourne la tête afin de regarder le croissant de la lune s'effaçant dans un ciel obscur, où se montrent cependant quelques lueurs qui annoncent l'approche du jour. Le tour des épaules, le front, le nez, la crête des hanches, reçoivent des reflets lumineux; tout le reste est dans l'ombre.

Quelle a été la pensée de Goya en traçant cette image symbolique? N'est-ce pas l'emblème du genre humain attendant un jour nouveau? On ne connaît qu'une seule épreuve de cette pièce si remarquable à tous égards.

Il existe encore diverses pièces détachées, dont nous trouvons, pour la première fois, la mention dans les travaux de l'amateur qui nous est d'un si grand secours.

Une *Scène populaire,* qu'on peut regarder comme un des premiers essais de l'artiste. Le dessin est correct, mais on y voudrait plus de fermeté et de franchise; il y a un peu de timidité et de mollesse dans la pointe. « Des hommes, en costume de paysans de la Manche, et des femmes rangées en demi-cercle, écoutent un aveugle qui chante en râclant une guitare; à gauche, un paysan conduit deux bœufs noirs; à droite, des femmes vendent des melons; dans le fond, un château. »

Un *Homme en guenilles,* dont le visage ignoble rappelle les *gueux* de Rembrandt, est assis sur la double corde d'une balançoire. Le fond est très obscur; on distingue vaguement quelques traits qui peuvent avoir été tracés dans l'intention d'indiquer une vieille sorcière, se balançant de son côté. Il y a là quelque allusion qui nous échappe. « L'eau-forte, en tombant au hasard, a dessiné quelques nuages; le tout est mordu brutalement, quoique gravé d'une pointe très fine. » Comme pendant à cette gravure, il en existe une représentant une *vieille femme* aux traits grimaçants, se balançant, au milieu des broussailles, sur des cordes attachées à un arbre dont le tronc est incliné. Un gros chat, tranquillement assis, regarde.

Une *Maja* en mantille, tournure agaçante, debout, les mains sur les hanches; la robe blanche qui la couvre se détache avec effet sur un fond obscur. Des figures, indiquées au trait, voltigent autour d'elle.

Une autre *Maja* presque semblable, mais il n'y a aucun fond; « les travaux de la mantille et de la tête sont très pittoresques. »

Un vieux *Majo,* ou *torero,* debout, regardant avec une expression de colère qu'il maîtrise non sans difficulté. Derrière le manteau qui le couvre, il cache une espingole *(trabuco).* Au second plan se montre un bœuf.

M. Carderera cite aussi une pièce inédite de sa collection : un vieil hidalgo, en manteau court, l'épée au côté, appuyé sur un long bâton; d'une main il tient son chapeau, de l'autre il tend une pétition [1].

---

[1] M. Burty signale une eau-forte conservée au *British Museum,* gravée par Goya, probablement d'après Velasquez. Elle représente un homme âgé, debout, un peu courbé, un chapeau rond à plume blanche sur la tête, les mains posées, l'une sur une longue canne, l'autre sur la garde d'une épée; à terre, des armes, un mousquet.

Il faut aussi dire quelques mots des lithographies de Goya; il les exécuta, pour la plupart, vers la fin de sa carrière, et l'on y trouve la rapidité d'exécution, la force du trait, qui caractérisaient son talent. Voici celles que nous connaissons :

Vieille femme assise filant, datée février 1819.

Deux cavaliers, costume de 1650 environ, se battant en duel.

Combat de taureau et de chiens; un chien est lancé en l'air; le taureau baisse la tête et s'apprête à en frapper un autre; divers dogues s'élancent; deux toreros regardent cette lutte.

Une *Maja* danse le fandango; des musiciens jouent de la guitare et du tambour de basque; un groupe d'hommes et de femmes regardent.

Un duel; un des combattants a la poitrine traversée d'un coup d'épée; les seconds sont spectateurs de la catastrophe; au fond, des arbres.

Jeune femme assise faisant une lecture à deux enfants.

Scène de diablerie. Un homme nu, les bras liés derrière le dos, est entraîné en l'air par des démons; au fond, on aperçoit des diables, des diablesses, des spectres, des formes horribles. Le dessin est savant; l'épreuve est regardée comme unique. M. Carderera en possède le dessin original traité à la sanguine.

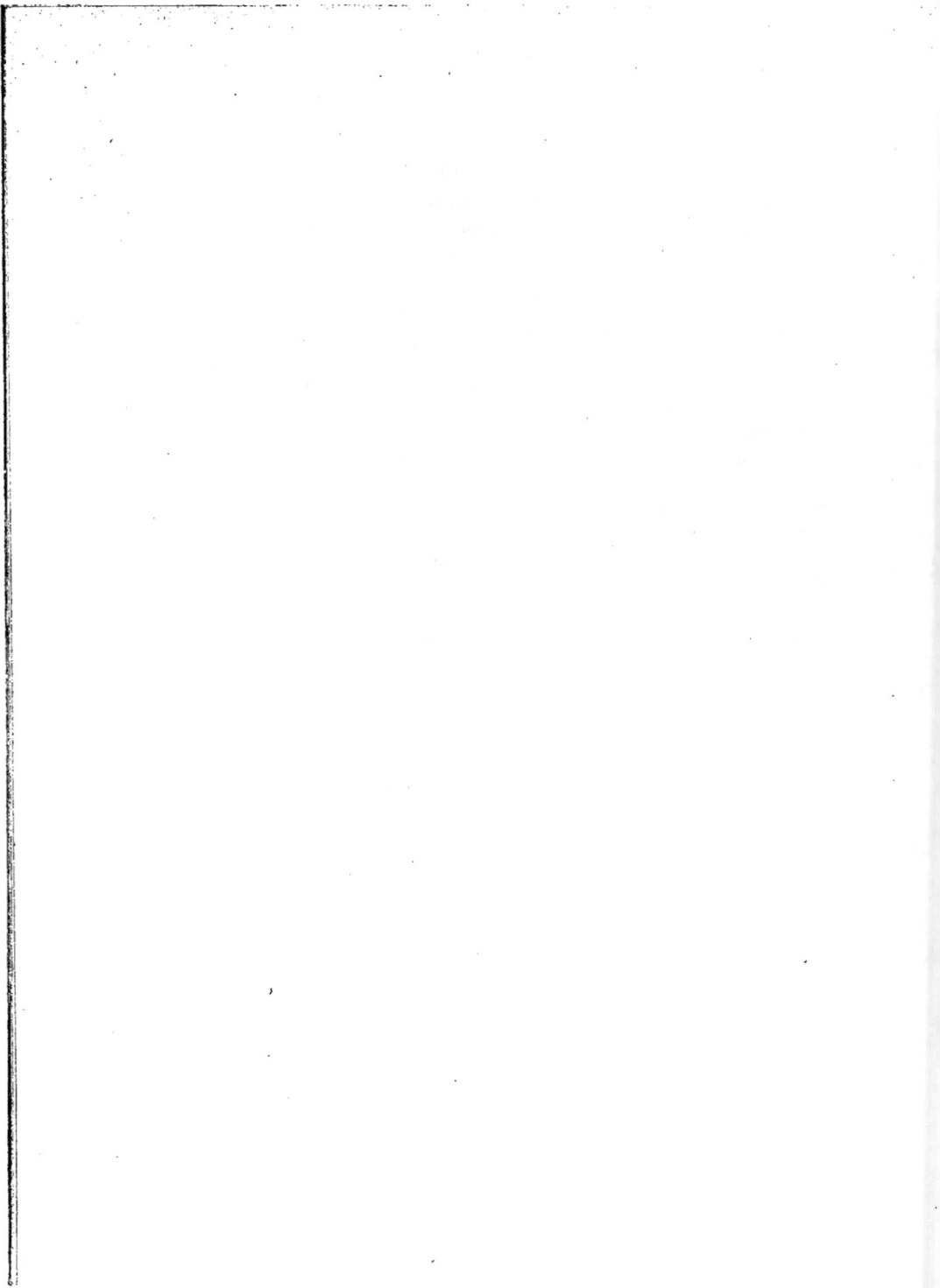

V

Nous arrivons maintenant aux *Caprichos,* l'œuvre la plus importante de Goya, celle à laquelle il doit surtout sa réputation.

Entreprise vers 1793, elle parut en 1796 ou 1797. Le prix de souscription était de 288 réaux (72 francs). Le premier tirage fut fait sous les yeux de Goya et sous sa main. Le prospectus annonçait soixante-douze planches; il était accompagné d'une petite préface, qui, sans doute, n'a point été imprimée à part; on ne connaît aucun exemplaire auquel elle est jointe. L'artiste proteste contre toute intention de satire personnelle; « ç'eût été se méprendre sur le but de l'art et sur les moyens qu'il met aux mains des artistes. » Il n'a eu d'autre intention que de chercher des sujets qui fournissent l'occasion de tourner en ridicule des préjugés, des impostures, des hypocrisies consacrées par le temps.

En 1803, Goya offrit au roi la propriété des planches des *Caprices;* cette offre fut acceptée avec des termes flatteurs, et une pension de 12,000 réaux fut accordée au fils de l'artiste. Un document autographe, mentionné par M. Carderera, constate qu'en remettant les quatre-vingts cuivres gravés, Goya livra aussi 240 exemplaires qui lui restaient.

L'esprit observateur de Goya, préoccupé des misères humaines et des platitudes qui triomphent surtout à la Cour, voulait stigmatiser les vices qui l'entouraient, les sottises dont il était témoin. Un grand nombre de ces *Caprices* renferment une intention philosophique et humanitaire; mais à part des scènes de mœurs légères et quelques sujets de fantaisie, on voit bien qu'il n'épargna ni de hauts personnages, ni de puissantes institutions, en conservant aux individus un certain *incognito* par des traits indécis. On comprend qu'en dépit de la faveur royale, il était obligé d'user d'une grande prudence. Sa position était un peu celle de Rabelais, déguisant sa pensée en la laissant entrevoir. Goya ne manque cependant pas d'audace, car plusieurs de ses traits sont regardés comme dirigés contre l'inepte souverain de l'Espagne, contre la reine, dont les scandales bravaient effrontément l'opinion publique, et contre un favori tout puissant. Plus tard, longtemps après la chute de Charles IV, de Marie-Louise et de Godoy, l'artiste reprit ses anciens dessins; il en modifia quelques-uns, il exprima plus nettement ses intentions dans quelques autres. M. Carderera possède un trésor inappréciable, *cent douze* de ces dessins; trente-cinq sont inédits, ou plutôt vingt-cinq, car il en est dix qui ne sont que des variantes de ceux qui ont été publiés. « La plupart sont au crayon rouge; dans quelques-uns les fonds et les ombres sont faits au pinceau mouillé, qui fond la sanguine d'une façon grasse et pittoresque, à cause de l'inégalité de la surface. »

Il y a déjà une trentaine d'années que, dans la *Revue encyclopédique,* un critique, le premier peut-être en France qui ait parlé de Goya, signalait tout ce qu'avaient de puissant ces compositions. Dans sa verve âpre et mordante, Goya a profondément compris les vices qui rongent l'Espagne, et il les a peints comme il les haïssait. C'est un Rabelais, le crayon ou le pinceau à la main, mais un Rabelais espagnol, sérieux, et dont les plaisanteries font frémir. Un dessin de Goya en dit plus sur l'Espagne que tous les voyageurs.

« Une des compositions de Goya qui m'ont le plus frappé représente une charmante jeune fille; une robe légère dessine sa taille; elle est assise sur un tabouret; une femme de chambre peigne avec une sorte de volupté les longs cheveux noirs de la jeune beauté, qui vient de laver ses pieds délicats dans une aiguière, et qui étale aux yeux sa fine jambe nue. Derrière elle est accroupie une vieille ridée; l'avarice a plissé tous ses traits; elle tient dans ses mains un chapelet à gros grains, et regarde avec une convoitise intense les beautés sur lesquelles elle spécule. »

Mais de tous les écrivains qui ont retracé l'impression que leur causaient les *Caprices,* nul n'a surpassé M. Théophile Gautier. Nous regrettons de ne pouvoir reproduire ici les pages si animées, si étincelantes qu'il a jetées dans le *Cabinet de l'Amateur* (t. I, 1842). Qu'il nous soit, du moins, permis d'en transcrire quelques lignes :

« Il y a une planche tout à fait fantastique, qui est bien le plus épouvantable cauchemar que nous ayons jamais rêvé ; elle est intitulée : *Y aun no se van*. C'est effroyable, et Dante lui-même n'arrive pas à cet effet de terreur suffocante. Représentez-vous une plaine nue et morne, au-dessus de laquelle se traîne péniblement un nuage difforme comme un crocodile éventré ; puis une grande pierre, une dalle de tombeau, qu'une figure souffreteuse et maigre s'efforce de soulever. La pierre, trop lourde pour les bras décharnés qui la soutiennent, et qui sont tout près de craquer, retombe, malgré les efforts du spectre et des autres petits fantômes qui roidissent simultanément leurs bras d'ombre ; plusieurs sont déjà pris sous la pierre un instant déplacée. L'impression de désespoir qui se peint sur toutes ces physionomies cadavéreuses, dans ces orbites sans yeux qui voient que leur labeur a été inutile, est vraiment tragique ; c'est le plus triste symbole de l'impuissance laborieuse, la plus sombre poésie et la plus amère dérision que l'on ait jamais faite à propos des morts. »

Voici maintenant comment le brillant écrivain retrace la première estampe des *Caprices* : « Elle représente un mariage d'argent, une pauvre jeune fille sacrifiée à un vieillard cacochyme et monstrueux par des parents avides. La mariée est charmante avec son petit loup de velours noir et sa basquine à grandes franges ; les parents sont hideux de rapacité et de misère envieuse ; ils ont des airs de requin et de crocodile inimaginables ; elle sourit dans les larmes comme une pluie du mois d'avril ; ce ne sont que des yeux, des griffes et des dents ; l'enivrement de la parure empêche la jeune fille de sentir encore toute l'étendue de son malheur. »

Nous croyons devoir donner une description assez étendue des quatre-vingts planches des *Caprices ;* quelques-unes ont été reproduites en France, mais en n'obtenant pour la plupart qu'une publicité assez restreinte [1].

---

[1] En 1824, il parut, à Paris, chez Motte, un cahier de dix lithographies très médiocres : *Caricatures espagnoles, par Goya ;* parfois avec modifications maladroites ; ce sont les nos 10, 14, 15, 18, 24, 32, 40, 43, 52, 55. Ces pièces sont devenues bien rares aujourd'hui. Deux des

M. Eugène Piot a déjà, dans le *Cabinet de l'Amateur,* placé une description semblable; nous avons lu avec plaisir son travail, mais nous croyons que le nôtre est plus complet, et nous y joignons une explication tout à fait inédite, traduction littérale d'un manuscrit que traça Goya à Bordeaux. Nous convenons d'ailleurs que cette explication est bien loin d'être aussi satisfaisante, aussi entière que le désirerait la curiosité des amateurs. Goya s'est totalement abstenu de dévoiler les intentions politiques qui l'auraient animé parfois, les personnalités qu'il avait en vue. On prétend qu'il lui arriva, mais rarement, dans ses conversations avec quelques amis, d'être un peu moins réservé; mais ces révélations sont trop incomplètes, trop peu sûres, pour qu'il y ait moyen de les placer ici.

En tête des *Caprices* on trouve un portrait de Goya, vu de profil, et coiffé d'un ample chapeau rond; il a été reproduit dans le *Magasin pittoresque,* 1834, t. II, p. 324. M. Théophile Gautier l'a décrit dans son style si vivement coloré : « C'est un homme de cinquante ans environ, l'œil oblique et fin, recouvert d'une large paupière, avec une patte d'oie maligne et moqueuse; le menton recourbé en sabot, la lèvre supérieure mince, l'inférieure proéminente et sensuelle; le tout encadré dans des favoris méridionaux, et surmonté d'un bolivar; une physionomie caractérisée et puissante. »

Un autre portrait, habilement gravé par M. Ulysse Parent, d'après une miniature peinte par l'artiste lui-même, à l'âge de quarante ans (elle appartient à M. Carderera), nous montre le modèle à l'époque de ses plus grands succès. Il a été inséré dans la *Gazette des Beaux-Arts* (août 1860), et comme le dit M. Burty, Goya se présente « en costume de cour, les cheveux soigneusement relevés au fer et noués par un large ruban; le front est relevé; les arcades sourcilières ont ce développement qui s'observe surtout sur l'os frontal des peintres, et le cou énorme donne à la tête une base singulièrement forte. »

---

scènes des *Caprices* ont été gravées sur bois, et intercalées, comme vignettes, dans la *Gazette des Beaux-Arts* (août 1860) : le petit-maître qui lorgne de très près une élégante personne (n° 7), le jeune homme rasé par une courtisane (n° 35). Le *Magasin pittoresque* avait, dès 1834, reproduit deux des *Caprices,* en les accompagnant d'une très courte notice au sujet de l'artiste.

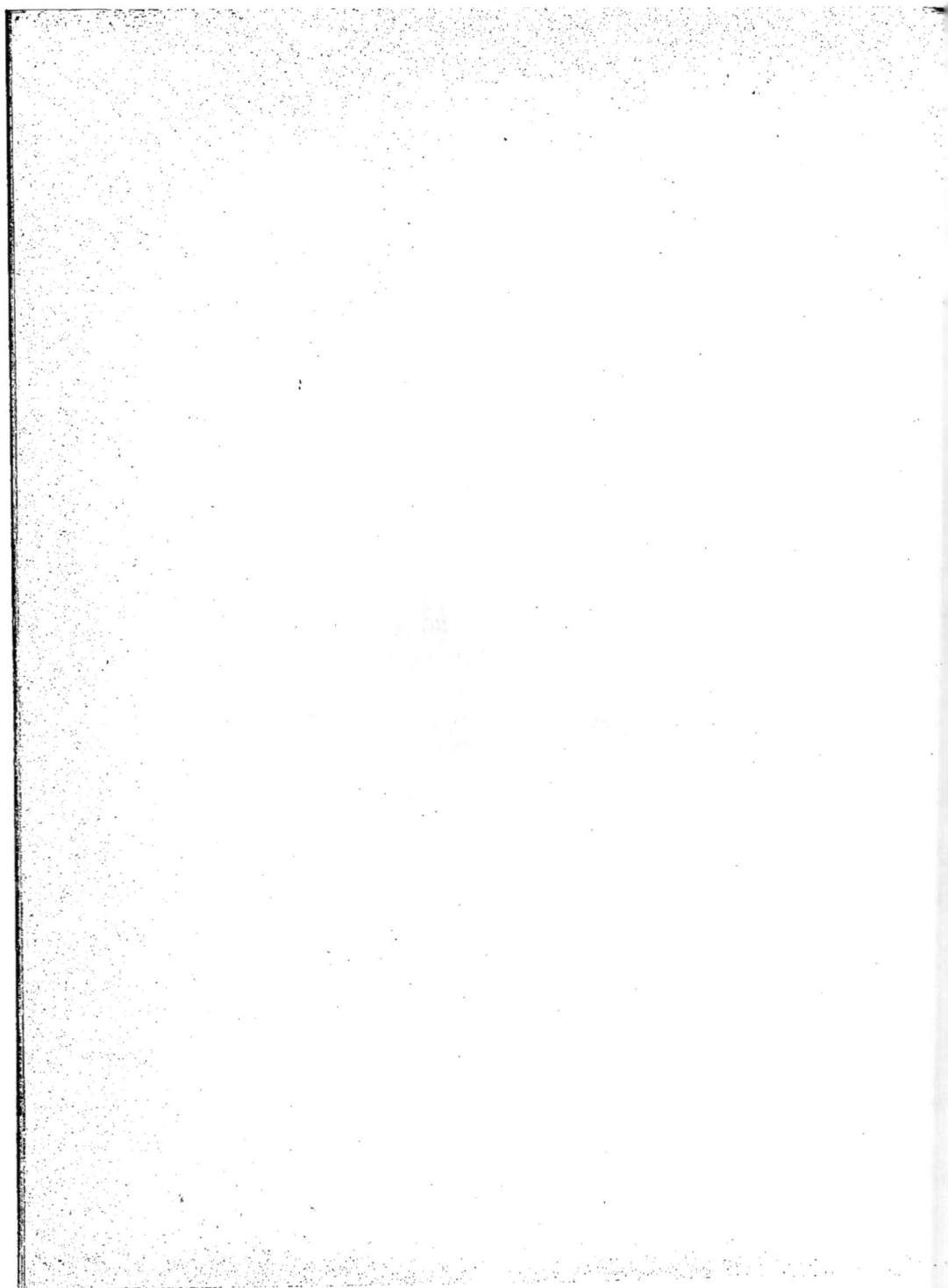

N° 1. Portrait de l'artiste.

N° 2. *El si pronuncian, y la mano alargan al primero que llega.* (Elles prononcent le *oui*, et donnent la main au premier qui se présente.)

Une femme jeune et belle, le haut de la figure couvert d'un petit masque noir, et accompagnée de deux horribles vieilles, place sa main dans celle d'un homme âgé, qui semble la conduire à l'autel.

Facilité avec laquelle bien des femmes se présentent pour contracter mariage, espérant y vivre avec une plus grande liberté.

N° 3. *Que viene el Coco.* (Il vient le Coco.) Le grand *Diccionario de la Academia* définit le Coco : « Figura espantosa y fea que se hace para espantar y contener á los niños. »

Deux enfants se jettent en pleurant dans les bras de leur mère assise; un personnage, couvert d'un grand voile blanc, s'avance vers eux, et cause leur frayeur.

Abus funeste de la première éducation, qui fait qu'un enfant a plus de peur du Croque-Mitaine que de respect pour son père, en le portant à craindre ce qui n'existe pas.

N° 4. *El de la Rollona.* (Celui de la grosse femme) (¹).

Un laquais traîne avec des courroies un personnage déjà âgé, ayant un costume qui ressemble à celui d'un enfant, et qui, appuyé sur un grand panier, porte ses deux mains à sa bouche. Il y a là quelque allusion insaisissable aujourd'hui.

La négligence, l'excessive indulgence et les cajoleries qu'on fait aux enfants, les rendent capricieux, entêtés, orgueilleux, gourmands, paresseux, insupportables; ils deviennent des hommes sans cesser d'être enfants.

N° 5. *Tal para qual.* (Qui se ressemble s'assemble).

Une femme élégante, jeune et belle, coiffée de la mantille et tenant un éventail, marche vers la droite; un petit-maître s'avance vers elle, à gauche; deux vieilles assises; une d'elle rit, et montre du doigt la promeneuse.

C'est un problème à résoudre de savoir si les hommes sont pires que les femmes, ou *vice versâ*. Ce qu'il y a de certain, c'est que les vices des uns et des autres sont le résultat de la mauvaise éducation; en quelque endroit que les hommes soient méchants, les femmes le seront de même. Autant vaut la tête de la demoiselle peinte en ce tableau, que celle du petit-maître qui lui fait la cour; et quant aux deux vieilles femmes, la méchanceté de l'une ne peut se comparer qu'à celle de l'autre.

N° 6. *Nadie se conoce.* (Personne ne se connaît.)

Scène de bal masqué. A droite, une jeune et jolie femme, debout, le haut du visage couvert d'un petit masque noir; une autre femme, en costume de fantaisie,

---

(¹) Le *Diccionario de la Academia castellana*, en six volumes in-folio, constate que ce mot, du style badin, n'est employé que dans l'expression de *Niño de la Rollona, muger rolliza y fuerte.*

lui parle. Trois hommes en costume d'hidalgos, et coiffés de grands feutres; un quatrième, avec un nez de Polichinelle.

Le monde est une mascarade : la mine, le costume, la voix, rien n'est naturel; tout le monde veut paraître ce qu'il n'est pas, tout le monde feint, et personne ne connaît personne.

N° 7. *Ni asi la distingue.* (Même ainsi il ne la distingue pas.)

Une femme jeune et belle, debout et vue de face; un petit-maître, chapeau bas, s'approche d'elle, et, un lorgnon sur un œil, la toise de près. Plus loin, à droite, une autre femme, assise, tient un éventail.

Comment pourra-t-il la distinguer? Ce n'est pas assez de la lunette pour la connaître, il faut aussi du discernement et de l'usage du monde, et c'est précisément ce qui manque au pauvre cavalier,

N° 8. *Que se la llevaron!* (Et ils l'ont emportée.)

Deux hommes, la tête couverte d'un drap, emportent une femme qui, la tête rejetée en arrière, les cheveux pendants, pousse de grands cris.

La femme qui ne sait point se garder appartient au premier venu; et, quand il n'est plus temps, on s'étonne qu'on l'ait attrapée.

N° 9. *Tántalo.* (Tantale.)

Une femme jeune et belle, renversée, évanouie et les cheveux épars. Debout, près d'elle, un homme joignant les mains d'un air de douleur.

S'il était plus galant et moins ennuyeux, elle se ranimerait.

N° 10. *El amor y la muerte.* (L'amour et la mort.)

Un homme, debout, appuyé contre un mur et mortellement blessé, s'affaisse sur lui-même; à ses pieds est une épée nue. Une femme éplorée le soutient à bras-le-corps.

Voici un amant du temps des preux, qui meurt dans les bras de sa dame pour ne pas avoir su rire de son rival disgracié; il faut être moins facile, et mettre l'épée à la main.

N° 11. *Muchachos al avio.* (Garçons à l'ouvrage.)

Quatre hommes assis auprès d'un arbre; l'un, à droite, vu de profil, tient une cigarette entre ses lèvres; les figures des deux autres ont un aspect sinistre; le quatrième n'est vu que par derrière.

Leur visage et leur costume prouvent bien ce qu'ils sont.

N° 12. *A caza de dientes.* (A la chasse aux dents.)

Un pendu, pieds nus, les mains liées; une femme, se haussant sur la pointe des pieds, et détournant la tête avec une expression d'horreur, lui met une main dans la bouche pour avoir de ses dents.

Il n'y a rien de plus efficace pour se garantir de la sorcellerie que les dents d'un pendu; on ne peut rien faire de bon sans cela; voilà ce que pense le vulgaire ignorant.

p. 58

Muchachos al avio

Pues la perdone. Yera su madre

Nº 13.. *Están calientes.* (Ils sont chauds.)

Deux moines, à figures ignobles, assis, la bouche ouverte, une cuiller à la main, auprès d'une table sur laquelle est un plat; un troisième, assis à droite, les regarde en riant; au fond, un autre moine, debout, tient un plat à la main.

Ils sont si pressés, qu'ils les avalent tout bouillants! Il faut de la tempérance et de la modération dans les plaisirs.

Nº 14. *¡Que sacrificio!* (Quel sacrifice!)

Une femme jeune et belle, debout, vue de face, dans l'attitude de la douleur. Devant elle, un bossu, bancroche et très laid; derrière, trois messieurs, des parents de la demoiselle; l'un d'eux paraît fort ému, et cache sa figure avec sa main.

Que voulez-vous? Le futur n'est pas des plus convenables, mais il est riche, et toute une famille affamée trouve son pain dans le sacrifice de cette malheureuse fille! Voilà ce qui arrive bien souvent.

Nº 15. *Bellos consejos.* (Beaux conseils.)

Jeune femme d'une grande beauté, assise, coiffée de la mantille, et tenant un éventail. Près d'elle est assise une vieille aux traits d'une laideur ignoble, et qui lui parle.

Les conseils sont dignes de celle qui les donne; ce qu'il y a de pis, c'est que la demoiselle se dispose à les suivre au pied de la lettre. Malheur à celui qui s'approchera!

Nº 16. *¡Dios la perdone: y era su madre!* (Dieu vous pardonne; et c'était sa mère.)

Une jeune fille belle et grande, aux formes d'une élégante opulence, se promène, un éventail à la main. Une pauvresse, vue de dos, s'incline devant elle.

La demoiselle sortit de chez elle en bas-âge; elle fit son apprentissage à Cadix; après elle vint à Madrid, où elle gagna à la loterie. En se promenant au Prado, elle entend une femme crasseuse et décrépite qui lui demande l'aumône; elle la congédie. La vieille ne se rebute pas; la petite-maîtresse tourne la tête, et reconnaît... qui l'aurait cru? Sa mère.

Nº 17. *Bien tirada está.* (Il est bien tiré.)

Une jeune femme, debout et vue de profil, attache sa jarretière. Une horrible vieille, assise à droite, la regarde.

Oh! elle n'est pas sotte, dame Fanchon! Elle sait combien il est convenable que les bas ne fassent point de pli.

Nº 18. *Y se le quema la casa.* (Et sa maison brûle.)

Un vieillard, la poitrine nue, tenant des deux mains ses chausses en désordre, debout, d'un air hébété, auprès d'une chaise et d'un lit que dévorent les flammes.

On a pensé qu'il y avait là une allusion à l'insouciante ineptie de Charles IV.

Il faudra que les pompiers de la ville le rafraîchissent pour qu'il puisse ôter ses caleçons. Que la puissance du vin est grande!

Nº 19. *Todos caerán.* (Ils tomberont tous.)

Deux femmes jeunes et jolies, un peu décolletées, arrachent les plumes d'un malheureux poulet à tête humaine; auprès d'elles est assise une horrible vieille, très satisfaite de cette opération. Au-dessus de ce groupe, au sommet d'un arbre, une jeune poulette, également à tête humaine, est placée comme appât; tout à côté d'elle est un poulet du même genre; et cinq autres, plus ou moins éloignés, arrivent à tire-d'ailes. « Quelle est cette jeune poule à tête de femme? La reine des Espagnes et des Indes? » Ainsi s'exprime M. Piot; mais nous doutons fort que la reine Marie-Louise, qui n'était point jeune et qui n'était nullement belle, fût ici l'objet de l'allusion de Goya.

Est-il possible que l'exemple de ceux qui sont tombés ne servent pas à ceux qui vont tomber? Pas de remède; il faut que tous en passent par là.

N° 20. *Ya van desplumados.* (Déjà ils s'en vont déplumés.)

Deux femmes, debout, chassent à grands coups de balais trois malheureux poulets à tête humaine, qui, complètement plumés, se retirent de l'air le plus piteux. Derrière, deux horribles vieilles.

Que ceux qui sont dévalisés cèdent la place à ceux qui ne le sont pas encore!

N° 21. *¡Qual la descañonan!* (Comme ils la plument!)

Une malheureuse poule à tête de femme est saisie par deux hommes de loi, à costume antique et à grandes perruques, qui la plument impitoyablement, et avec une rapacité furieuse. Un troisième, debout et grave, assiste à cette opération.

Il y a aussi des éperviers pour déplumer les poules. A bon chat, bon rat.

N° 22. *¡Pobrecitas!* (Pauvres petites!)

Deux femmes, la tête et le visage couverts d'un drap blanc, et les bras croisés sur la poitrine, marchent vers la gauche, suivies de deux hommes à figures sinistres, enveloppés dans d'amples manteaux.

Que l'on envoie les décousues coudre; qu'on les ramasse; il y a longtemps qu'on devrait l'avoir fait.

N° 23. *Aquellos polbos.* (Ceux-ci poussière.) Ces mots, un peu énigmatiques, sont un emprunt fait au proverbe espagnol : *Aquellos polbos traen estos lodos;* cette poussière amène cette boue. Plusieurs explications pourraient être mises en avant au sujet de ce que l'artiste avait en vue.

Une femme, vue de profil, assise sur une estrade, les mains liées et coiffée du long bonnet pointu affecté aux condamnés de l'Inquisition; un individu, en costume d'homme de loi, lit la sentence. Au-dessous, une foule de têtes ignobles regardent avec satisfaction.

Il est honteux que, pour une bagatelle, une honnête femme serve tout le monde. Traiter ainsi un être si diligent, si digne, si utile, est une chose bien blâmable.

Quien mas rendido.

D. 35

Chton

N° 24. *No hubo remedio.* (Il n'y a pas eu de remèdes.)

Une femme, les mains liées, est promenée sur un âne au milieu d'une foule qui la menace et l'insulte; deux vieux alguazils à cheval-l'escortent [1].

Que l'on persécute à mort cette sainte dame; après avoir publié sa vie, on la promène en triomphe; mais si c'est pour la faire rougir, c'est temps perdu; il est impossible de faire honte à celui qui n'en a pas.

N° 25. *Se quebró el cántaro.* (Il a cassé la cruche.)

Une vieille femme, à genoux, a saisi un enfant qui crie, et, sur son dos mis à nu, tenant entre ses dents la chemise du coupable, elle frappe avec un soulier. A droite, une cruche brisée.

Le fils est un débauché, et la mère fort emportée; lequel est le pire?

N° 26. *Ya tienen asiento.* (Elles ont déjà leur place.)

Deux jeunes femmes fort jolies, l'une debout, l'autre assise, les jambes totalement découvertes, ont chacune une chaise sur la tête. Deux hommes rient beaucoup en les voyant ainsi; l'un joint les deux mains, l'autre les montre du doigt.

D'après certaines gens, le meilleur moyen pour rendre sages les filles qui ont la tête légère est de leur mettre le siége pour coiffure.

N° 27. *¿Quien mas rendido?* (Qui est le plus soumis?)

Une jeune et jolie femme, vue de face, avance vers la droite; devant elle un petit-maître, le chapeau à la main, s'incline d'un air aimable. Au fond, deux autres figures de femmes, debout; à droite, deux petits chiens.

Ni l'un ni l'autre; l'un est un charlatan d'amour qui tient le même langage à toutes les femmes, et elle attend cinq rendez-vous fixés par elle de huit à neuf heures, et sept heures et demie viennent de sonner.

N° 28. *¡Chiton!* (Chut!)

Une femme très âgée, courbée par la décrépitude, s'appuie sur un bâton; une élégante, le doigt sur la bouche et la figure couverte par son voile, se penche vers elle.

On connait le proverbe espagnol dicté par une prudence bien légitime : *Con el Rey y la Inquisicion, chiton.* Il se trouve dans la *Picara Justina,* roman de mœurs assez mauvaises, et sorti, chose étrange, de la plume d'un dominicain.

Excellente mère pour la charger d'une affaire de confiance.

N° 29. *¡Esto si que es leer!* (Voilà ce qui s'appelle lire.)

Un homme âgé, l'air grave, assis et vu de profil, les jambes croisées, tient un

---

[1] La *Revue encyclopédique* croit qu'il s'agit là d'une victime de l'Inquisition menée au supplice. Nous pensons qu'il faut y voir une *alcahueta* promenée ignominieusement dans les rues, châtiment encore en usage en France le siècle dernier, et la note de Goya justifie cette supposition.

livre ouvert; un valet le coiffe, un autre lui met un soulier. On croit, à Madrid, qu'il s'agit du duc del Parque, qui ne trouvait, pour s'instruire et cultiver son esprit, d'autres moments que ceux où il était entre les mains de ses valets de chambre.

On le coiffe, on le chausse; il dort, il étudie : personne ne dira qu'il perd son temps.

N° 30. *¿Porqué esconderlos?* (Pourquoi les cacher?)

Un vieillard, décrépit et cacochyme, tient deux sacs d'argent; autour de lui quatre hommes, debout et riant; trois ont la tête nue. Ce sont les héritiers de l'Harpagon ; ils sont heureux de voir que le moment de toucher une bonne succession n'est pas bien éloigné.

La réponse est facile : il ne veut pas les dépenser parce qu'il n'est âgé que de quatre-vingts ans, et qu'il lui reste à peine un mois à vivre; il croit pourtant que sa vie doit durer plus que son argent. Que les calculs de l'avenir sont faux !

N° 31. *Ruega por ella.* (Elle prie pour elle.)

Une jeune et jolie femme, assise, procède à sa toilette; elle étend une jambe élégante, et attache sa jarretière; une camériste, debout, peigne ses longs cheveux. Par terre, un bassin plein d'eau et une cruche; au fond, une vieille, à face ignoble et cupide, regarde avec attention la belle; elle tient un chapelet.

C'est afin que Dieu la protége et la garantisse des mains des chirurgiens et des sbires, pour qu'elle puisse être un jour aussi adroite, aussi dégagée et aussi dévouée à tous que pour sa mère.

N° 32. *Por que fué sensible.* (Parce qu'elle fut sensible.)

Une femme jeune et belle, assise, les mains sur les genoux, paraît livrée au désespoir; elle est dans une prison, et une étroite fenêtre laisse, au milieu d'une obscurité profonde, percer un peu de jour.

Les chagrins suivent de près les plaisirs, et la vie qu'elle menait ne pouvait pas avoir une autre fin.

N° 33. *Al conde Palatino.* (Le comte Palatin.)

Un homme, en costume brillant, debout, auprès d'une table chargée de flacons. Il tient par les cheveux un pauvre diable, auquel il paraît arracher une dent. A droite, un homme assis, vu de dos, paraît affaissé ; à gauche, un autre homme, debout, tient sa tête entre ses deux mains, et vomit.

D'après une vieille tradition, ce charlatan serait le ministre Urquijo, dont le système gouvernemental était basé sur la violence, et qui affichait un grand luxe de toilette.

Dans toutes les sciences, il y a des charlatans qui savent tout sans avoir rien appris, et qui connaissent remède à tout; méfiez-vous-en. Le vrai savant se méfie toujours de la réussite; il promet peu et tient beaucoup; mais le comte Palatin ne tient rien de ce qu'il promet.

p. 37.

N° 34. *Las rinde el sueño.* (Le sommeil les abat.)

Quatre femmes, l'une assise et vue de face, les trois autres couchées, dorment dans une prison; une fenêtre grillée à droite.

Ne les réveillez pas; le sommeil est souvent le seul bien des malheureux.

N° 35. *Le descañona.* (Elle le plume.)

Une femme, debout, en costume de *Maja*, tient un rasoir, et rase un homme assis, qui la regarde d'un air satisfait. Deux autres femmes, debout, au second plan; l'une apporte un vase plein d'eau, elle est jolie; l'autre est une de ces vieilles à face ignoble que Goya rendait avec tant d'énergie.

On l'écorche tout vif, mais c'est sa faute, puisqu'il s'est mis dans les mains d'un tel barbier.

N° 36. *Mala noche.* (Mauvaise nuit.)

Au milieu d'une nuit profonde et d'un ouragan, une femme retient avec peine et des deux mains sa robe, que le vent a déjà soulevée de façon à laisser voir ses jambes jusqu'aux jarretières. Au fond, une autre figure, debout, marchant vers la droite, semble porter un paquet.

Voilà à quoi s'exposent les jeunes filles qui n'aiment pas à rester chez elles.

N° 37. *¿ Si sabrá mas el discipulo ?* (Le disciple en saura-t-il davantage ?)

Trois ânes, assis, épèlent dans un grand livre que tient ouvert devant eux un autre âne, d'une haute taille. On a cru qu'il y avait là une allusion au prince de la Paix, dont l'éducation politique fut confiée à un ancien commis des affaires étrangères, regardé lui-même comme très ignorant.

Il n'est pas aisé de décider s'il y en a plus ou moins; ce qu'il y a de sûr, c'est que le précepteur est le personnage le plus grave qu'on ait pu trouver.

N° 38. *¡ Brabisimo !* (Bravissimo !)

Un singe, debout, chante, en s'accompagnant de la guitare, devant un grand âne, derrière lequel sont deux hommes qui rient; l'un applaudit des deux mains.

S'il ne faut que des oreilles pour l'entendre, personne n'est plus intelligent; mais il est à craindre qu'il applaudisse à ce qui ne sonne pas.

N° 39. *Hasta su abuelo.* (Jusqu'à son aïeul.)

Un âne, assis, tient ouvert un grand livre; sur chaque ligne des deux pages qui sont en regard, on voit des figures d'ânes. On a supposé qu'il y avait là un trait lancé contre la généalogie qui fut fabriquée pour Godoï, et qui le faisait descendre des anciens rois goths.

Les généalogistes ont tourné la tête à cette pauvre bête; elle n'est pas la seule à qui pareille aventure soit arrivée.

N° 40. *¿ De qué mal morirá ?* (De quel mal mourra-t-il ?)

Un âne, couvert d'un long habit, les pieds chaussés de souliers à boucles, est assis auprès d'un lit, sur lequel est étendu un moribond, dont il tâte le pouls. L'artiste a-t-il voulu, comme on l'a dit, montrer le prince de la Paix chargé de veiller aux destinées de l'Espagne, réduite à l'état le plus fâcheux?

Le médecin est méditatif, posé, réfléchi, sérieux; que peut-on lui demander de plus?

N° 41. *Ni mas ni menos.* (Ni plus·ni moins.)

Un singe fait le portrait d'un âne qui pose devant lui, et dont il change les traits en ceux d'un lion. La tradition veut qu'il s'agisse encore là du prince de la Paix et de son peintre favori, don Antonio Carnicero. Ajoutons que la malignité publique se plaisait à désigner tout bas Godoï sous le nom de l'*âne de la reine,* locution qu'on nous dispensera d'expliquer.

Il fait bien de se faire peindre, c'est le moyen de faire savoir ce qu'il est à ceux qui ne l'ont pas vu.

N° 42. *Tu que no puedes.* (Toi qui ne peux pas.)

Deux hommes du peuple portent à grand'peine sur leurs épaules des ânes; un des quadrupèdes a les pieds munis d'éperons. Il est vraisemblable que l'artiste a voulu montrer l'Espagne fatiguée, ruinée, accablée d'impôts, et obligée encore de subvenir à l'avidité de Godoï.

C'est le commencement d'un proverbe espagnol : *Tu que no puedes, llevame á cuestas.* (Toi qui ne peux pas, porte-moi sur ton dos.) Qui ne dirait que ces cavaliers sont des montures?

N° 43. *El sueño de la razon produce monstruos.* (Le sommeil de la raison enfante des monstres.)

Un homme, assis, s'est endormi la tête appuyée sur une table. Autour de lui planent des chats-huants, des chauves-souris; une foule d'autres oiseaux, à figures sinistres, arrivent des profondeurs de l'horizon. Aux pieds du dormeur, un gros chat le regarde, les yeux étincelants.

L'imagination sans la raison enfante des monstres absurdes; mais unie à la raison, elle est mère des arts, et produit des merveilles.

N° 44. *Hilan delgado.* (Elles filent fin.)

Les trois Parques, sous l'aspect de trois vieilles femmes d'une laideur affreuse; l'une file, l'autre dévide, la troisième coupe. Au fond, contre la muraille, de petits enfants suspendus par des fils au plafond.

Elles sont si adroites à tendre des piéges, que le diable ne saurait s'en tirer.

N° 45. *Mucho hay que chupar.* (Il y a beaucoup à sucer.)

Trois sorcières à figures effroyables sont réunies pour un affreux festin. L'une d'elles présente à son amie une tabatière ouverte. Par terre, un panier rempli de petits enfants qui crient et s'agitent. Deux chauves-souris volent auprès du groupe.

Celles qui ont déjà quatre-vingts ans sucent les enfants, et celles qui atteignent leur dix-huitième année sucent les grands; il semble que les hommes soient nés pour être sucés.

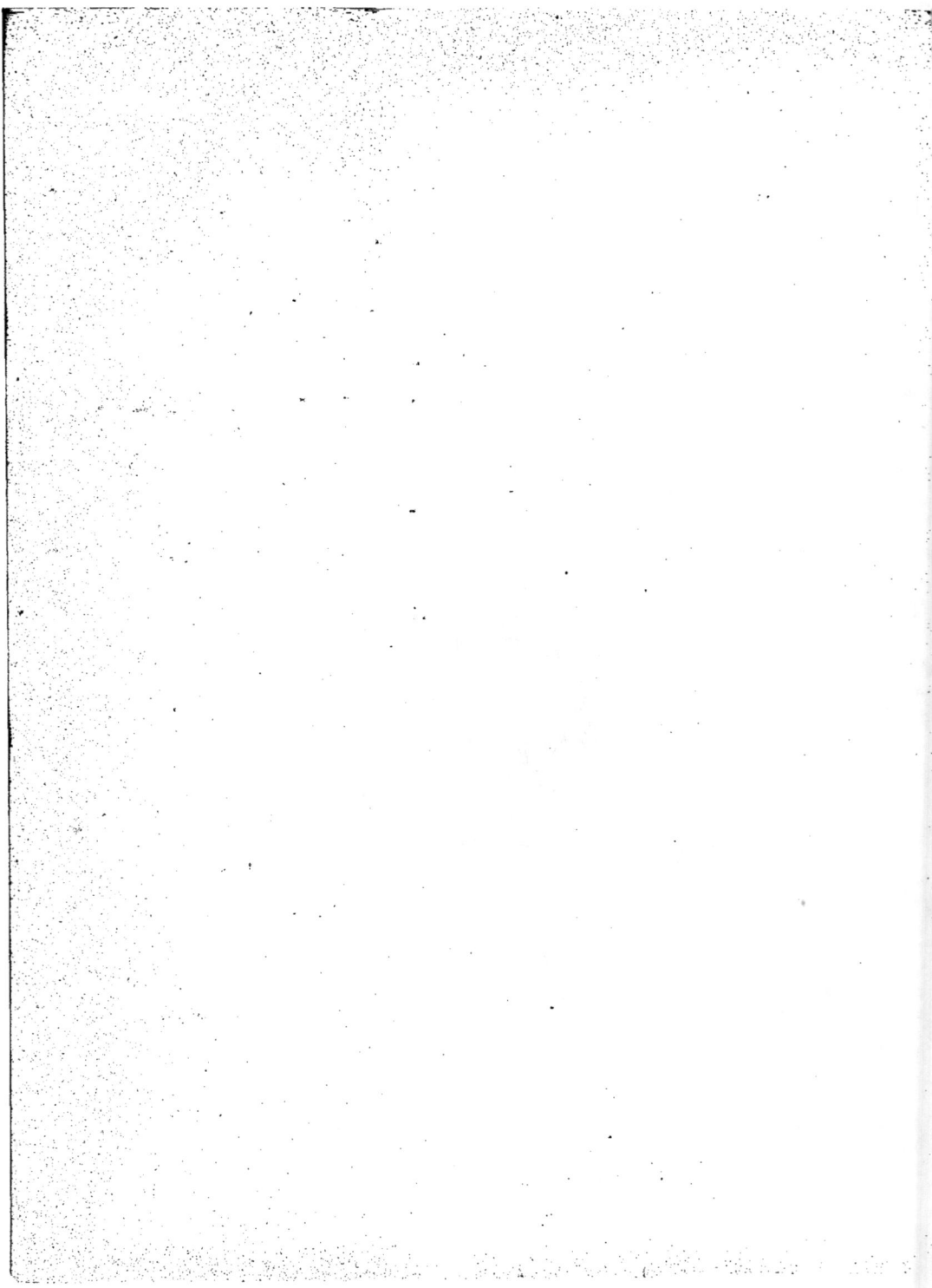

N° 46. *Correccion*. (La correction.)

Sept personnages à figures grotesquement hideuses sont assis; quatre paraissent souffrir. Des monstres ailés, bizarres, voltigent dans les airs au-dessus d'eux.

Sans la correction et la censure on ne fait aucun progrès dans les arts, et encore moins dans celui de la sorcellerie, où il faut un talent tout particulier, un âge mûr, de l'application, de la docilité, et une soumission aveugle aux conseils du grand sorcier, directeur en chef du séminaire de Bavatuna.

N° 47. *Obsequio al maestro*. (Offrande au maître.)

Une sorcière, à genoux, tient dans ses mains le corps d'un petit enfant, et s'incline avec respect. Une autre, derrière, est assise à gauche; deux sont debout également à gauche, et une à droite.

Rien de plus juste; ils seraient des disciples bien ingrats s'ils n'allaient complimenter le grand maître à qui ils sont redevables de toute leur science infernale.

N° 48. *Soplones*. (Souffleurs.)

Un démon ailé, à cheval sur un chat, plane au-dessus de deux sorciers endormis, et souffle sur eux. A droite, un gros chat avance sa tête avec une expression de colère.

Les sorciers délateurs sont les plus ennuyeux, les plus ignorants de la sorcellerie; s'ils savaient quelque chose, ils ne se mettraient pas à faire des rapports.

N° 49. *Duendecitos*. (Farfadets.)

Trois moines, deux debout, l'un à gauche, assis, tenant des verres pleins de vin. Leur visage n'a plus rien d'humain, surtout l'un d'eux, dont les dents pointues ont une forme triangulaire, et dont les doigts se terminent par des griffes.

Ceux-ci c'est autre chose; ils sont gais, badins, officieux, un peu friands, enclins à faire des niches; mais cependant ils sont tous de fort honnêtes gens.

N° 50. *Los Chinchillas*. (Les Chinchillas.)

A gauche, un homme assis par terre, tenant un chapelet; il a les oreilles couvertes d'un énorme cadenas. A droite, un homme debout, l'épée au côté, également cadenassé. Leur poitrine est couverte de vêtements où sont indiquées des armoiries. Leurs yeux sont fermés, leur bouche ouverte. Une figure (celle de l'Ignorance?), ayant des oreilles d'âne, tient une cuiller, et leur donne à manger.

Celui qui ne sait rien, qui n'entend et ne fait rien, appartient à la nombreuse famille des *chinchillas*, qui jamais n'a été bonne à rien [1].

N° 51. *Se repulen*. (Ils se nettoient.)

Trois personnages hideux, à figures exagérées de singes, avec des ailes de

---

[1] *Chinchillas*, petit animal qui vit dans les Cordillères.

chauves-souris. Un d'eux, armé d'une énorme paire de ciseaux, coupe gravement les griffes d'un de ses camarades.

Il est si nuisible d'avoir des griffes, qu'elles sont prohibées, même en sorcellerie.

N° 52. *Lo que puede un sastre.* (Ce que peut un tailleur.)

Un tronc d'arbre, sur lequel a été jeté un drap, représente assez bien un moine, les deux bras étendus, et dans l'attitude d'un chaleureux prédicateur. Une femme jeune et belle, coiffée d'une mantille, est agenouillée devant lui. Derrière, six figures à genoux, seulement esquissées, en posture de suppliants. Au fond, dans les airs et volant dans les nues, à gauche, trois figures de sorciers ou démons; à droite, un vieillard nu, vu de face, à cheval sur un hibou.

Bien souvent un insecte ridicule se transforme en fantôme, grâce à l'habileté d'un tailleur et à la sottise de ceux qui jugent des choses d'après ce qu'elles paraissent.

N° 53. *¡ Qué pico de oro !* (Quel bec d'or !)

Un gros perroquet, la patte levée, dans l'attitude d'un orateur. Cinq moines, à figures d'une laideur ignoble, la bouche ouverte, l'écoutent avec admiration. Au-dessous de l'espèce de chaire sur laquelle se tient l'oiseau, un homme debout, coiffé d'un ample chapeau.

Cela m'a tout l'air d'une académie; peut-être le perroquet parle médecine en ce moment; mais il ne faut pas le croire sur parole. Il y a des médecins dont le langage ferait croire qu'ils sont des Esculapes, si leurs ordonnances ne prouvaient qu'ils sont des pestes ambulantes; ce sont des gens qui parlent très bien sur les maladies, mais qui ne les guérissent pas, et qui, en ébahissant leurs pauvres malades, encombrent de crânes les cimetières.

N° 54. *El Vergonzozo.* (Le Vergogneux.)

Un homme, entouré d'un manteau, et dont le nez long et pendant offre un aspect repoussant, mange un potage avec une cuiller. A gauche, un personnage hideux et qu'on ne voit qu'en buste, lui présente un vase d'une forme suspecte. Derrière, un autre personnage, les deux poings fermés.

Il est des hommes dont la figure est la partie la plus honteuse de leur corps, et qui devraient la mettre dans leur culotte.

N° 55. *Hasta la muerte.* (Jusqu'à la mort.)

Une vieille femme, à figure d'horrible guenon, assise devant une table de toilette chargée de flacons et de cosmétiques, essaie sur sa tête un chapeau, assemblage de rubans et de fleurs; elle se regarde avec satisfaction dans un miroir qui réfléchit ses traits hideux. Derrière elle, une jeune camériste se met les deux mains sur la bouche pour étouffer un fou rire. A gauche, près de la table de toilette, deux petits-maîtres debout, l'air satisfait [1].

Cette dame se pare pour célébrer le soixante-quatrième anniversaire de sa naissance, qui est aujourd'hui; elle attend les visites de ses petits amis.

[1] Un Bordelais, ami éclairé des arts et auquel on doit d'excellents travaux historiques, M. Jules Delpit, est l'heureux possesseur d'un tableau de Goya représentant cette scène. Une vieille femme, assise devant

N° 56. *Subir y bajar.* (Monter et descendre.)

Un homme dont le costume semble offrir de nombreuses décorations, est élevé en l'air sur les mains d'un monstre à tête humaine, à pieds d'âne. Deux personnages, dont il ne tardera pas à partager le sort, tombent dans l'abîme.

La Fortune agit très mal avec ses courtisans ; elle récompense avec de la fumée ceux qui parviennent au faîte, et ensuite elle les punit en les précipitant.

N° 57. *La filiacion.* (La filiation.)

Une femme, assise, vue de profil, la figure couverte d'un masque qui lui donne les traits d'un animal, tient sur ses genoux une sorte de nain doué d'une tête énorme et grotesque. Un personnage, enveloppé dans une longue robe, écrit dans un gros livre ; à l'entour, trois autres personnages dans l'attitude de la contemplation ; l'un d'eux, pourvu d'un nez recourbé à la Polichinelle, regarde avec un lorgnon.

Il s'agit ici de duper le futur, en lui montrant les aïeuls, les bisaïeuls et les trisaïeuls de la demoiselle. Mais celle-ci, qui est-elle ? Il le saura, quoique un peu tard.

N° 58. *Trágala, perro.* (Chien, avale-la).

Un homme à l'air piteux et malade, les mains jointes ; à gauche, un moine, debout, tenant une énorme seringue, fait un geste impérieux ; deux autres moines rient aux éclats.

Celui qui vit parmi les hommes doit être seringué immanquablement ; s'il veut l'éviter, il faudra qu'il aille habiter au fond des forêts, et force lui sera de reconnaître que c'est une seringue que de vivre isolé.

N° 59. *¡ Y aun no se van !* (Et encore ils ne s'en vont pas !)

Un groupe d'êtres fantastiques est menacé de la chute d'une pierre énorme qui

sa toilette, essaie devant un miroir une coiffure de rubans roses, pendant que sa femme de chambre baisse la tête pour rire, et que deux jeunes gens, plus hardis, lui adressent en face des baisers et des compliments ironiques.

Quelque temps après la mort de Goya, en 1828, dans le voisinage de son domicile, un érudit, un artiste dont le nom est justement considéré, M. Lacour, rencontra à terre, chez un marchand de ferrailles, une toile étrange, salie, à peine tendue sur un châssis mal cloué, et recouverte de crasse ; il la paya les quatre francs qu'on lui demanda, persuadé que cette peinture devait être de la main de l'auteur des *Caprichos.* Jusqu'en 1859, cette toile, déclouée, fut oubliée dans la poussière d'un grenier. Elle était tellement enfumée, que, bien qu'elle eût été annoncée, sous le n° 82 du catalogue de la vente Lacour, comme étant de Goya, personne ne couvrit l'enchère du prix qu'elle avait été payée, et M. Jules Delpit en devint à son tour propriétaire pour quatre francs.

Depuis elle a été mise sur un nouveau châssis, nettoyée, revernie, et la peinture apparaît pleine d'éclat, et d'une telle hardiesse de faire, qu'il est évident que Goya seul peut en être l'auteur. M. Jules Delpit, auquel nous devons ces détails, ajoute : « Qui sait si la main amaigrie de l'artiste, en employant
» ses dernières couleurs sur ce morceau d'étoffe mal tendu, n'a pas voulu appliquer à la peinture ainsi
» personnifiée le sarcasme que, dans ses jeunes années, il avait décoché à l'éternelle coquetterie des
» vieilles filles ? Les jeunes gens, malgré sa décrépitude, continuent à lui envoyer leurs baisers, et ceux
» qu'elle enrichit se moquent d'elle. Cette idée et cette peinture sont également dignes de l'Hogarth
» espagnol. »

6

ressemble à une dalle sépulcrale; un d'eux, debout, fait avec ses bras un effort
violent et inutile pour la retenir.

Celui qui ne réfléchit point sur l'instabilité de la fortune, dort tranquille au milieu des
dangers; il ne songe pas à se garantir du malheur qui le menace, et il s'étonne de s'en sentir
frappé.

N° 60. *Ensayos.* (Essais.)

Scène de sorcellerie. Une vieille sorcière, nue, son balai par terre, tient par les
cheveux un homme nu, dont le corps est en l'air dans une position horizontale.
La figure d'un bouc énorme domine cette scène. Au bas, sur le premier plan, deux
chats et une tête de mort.

Petit à petit l'oiseau fait son nid. Déjà il commence à se redresser sur ses jambes; avec le
temps, il en saura autant que ses maîtres.

N° 61. *Volaverunt.* (Elles se sont envolées.)

Trois vieilles femmes, aux figures hideuses et groupées ensemble, servent de
piédestal à une jeune femme, debout, les bras étendus, ayant des ailes de papillon,
et elles la transportent à travers les airs.

Le groupe de sorciers qui sert de piédestal à la petite-maîtresse est plutôt par ornement
que par besoin; il est des têtes si légères, qu'il ne leur faut ni ballons ni sorciers pour
s'envoler.

N° 62. *¿Quien lo creyera?* (Qui le croirait?)

Deux femmes nues, hideuses, effroyables sorcières, se tiennent par les cheveux
au milieu de nuages noirs; un monstre fantastique, à peine aperçu dans l'ombre,
les saisit et les entraîne.

Voici une querelle très sérieuse; laquelle des deux est plus sorcière? Qui aurait cru que la
chassieuse et la blonde devaient s'arracher les cheveux? L'amitié est fille de la vertu; les
méchants peuvent être complices, mais jamais amis.

N° 63. *¡Miren qué graves!* (Voyez comme ils sont graves!)

Un homme, vu de profil, à tête et à griffes d'épervier, à cheval sur un sanglier;
près de lui, vu de face, un autre homme à oreilles d'âne, monté sur un âne. Au
loin, des personnages étendent les bras et manifestent leur admiration.

Le tableau représente des sorciers de qualité, et qui ont de l'autorité au sabbat, se promenant pour se délasser.

N° 64. *Buen viage.* (Bon voyage.)

Au milieu d'une obscurité profonde, un vieillard ailé, un sorcier, vole rapidement, emportant sur son dos quatre personnages dont on ne voit que les têtes, et
qui, la bouche ouverte, poussent des hurlements.

Où ira cette cohue infernale, en faisant retentir les airs de ses hurlements au milieu de
l'obscurité? S'il faisait jour, au moins, on pourrait la faire tomber à coups de fusil; mais à la
faveur des ténèbres, elle ne craint personne.

Nº 65. *¿Donde va mamá?* (Où va maman?)

Une vieille sorcière, courte, obèse et nue, est transportée à travers les airs; deux hommes la soutiennent dessous les bras; un troisième la porte par les jambes; il est à cheval sur un chat-huant. Elle tient un parasol ouvert, auquel est accroché un chat.

Maman a l'hydropisie, et le médecin lui ordonne de se promener. Dieu veuille la soulager.

Nº 66. *Allá va eso.* (Ça y va.)

Un homme nu, ayant de grandes ailes, vole à travers les airs; il porte sur son dos une vieille sorcière; de leurs quatre mains ils tiennent une béquille, à l'extrémité de laquelle un chat s'est accroché avec ses dents.

Voilà une sorcière montée sur le diable boiteux; ce malheureux, dont tout le monde se moque, est bien utile quelquefois.

Nº 67. *Aguarda que te unten.* (Attends que l'on t'ait oint.)

Un grand bouc, debout, prêt à s'élancer; c'est un sorcier qui a pris cette forme; un de ses pieds est encore celui d'un homme. Deux vieilles sorcières sont assises par terre; une d'elles, le retenant par le pied qui n'a pu être transformé, trempe un pinceau dans un vase.

On le charge d'une commission d'importance, et il veut s'en aller à demi frotté. Parmi les sorciers, il est aussi des étourdis, des écervelés, qui n'ont pas un grain de sens commun; il est des choses que l'on trouve partout.

Nº 68. *Linda maestra.* (Jolie maîtresse.)

Deux sorcières nues, à cheval sur un même balai, volent au-dessus d'une plaine où se montrent quelques arbres. L'une d'elles est décrépite; l'autre, jeune et aux formes élégantes, tient par les cheveux la vieille qui est devant elle.

Le balai est l'instrument le plus indispensable aux vraies sorcières, non seulement parce qu'elles doivent être de grandes balayeuses, comme l'histoire le constate, mais encore parce que souvent elles métamorphosent le manche en bidet, et, ainsi montées, elles courent de manière à laisser en arrière le diable lui-même.

Nº 69. *¡Sopla!* (Souffle!)

Une vieille sorcière décharnée, debout, le buste nu, tient un enfant dont elle se sert comme d'un soufflet, pour activer le feu allumé sous un fourneau où brûlent des ossements; un homme, à la chevelure hérissée, apporte deux petits enfants. Par terre sont assis quatre personnages: un, entièrement nu, vu de dos, tourne sa tête, qui se présente de profil; les trois autres ne montrent que la tête.

Il paraît que la pêche aux petits enfants a été abondante la nuit passée, et le banquet que l'on prépare doit être somptueux... Bon appétit!

Nº 70. *Devota profesion.* (Vœu dévot.)

Une femme nue, à oreilles d'âne, aux traits stupides, est à cheval sur les épaules d'un homme dont les pieds sont ceux d'un âne. Elle lit dans un gros livre que tiennent ouvert avec des tenailles deux hommes coiffés d'un bonnet pointu et ayant de longues oreilles d'âne. Le volume est posé sur le dos d'un perroquet. Vers le bas de l'estampe, à droite, deux têtes d'hommes aux traits ignobles. — On pourrait voir, dans cette image, un trait lancé contre les vœux monastiques ; M. Piot y signale aussi « la personnification de l'Espagne se dressant sur les épaules de » l'ignorance, qui se voue en toute humilité au culte de la superstition et du fana- » tisme, dont les deux grands prêtres lui présentent le livre. »

Tu jures d'obéir à tes maîtres et supérieurs, de balayer des mansardes, de filer de l'étoupe, de faire la cuisine, de mettre de l'onguent, de faire de la musique, de hurler, de criailler, de voler, de souffler, de cuire, et de faire tout ce qu'on te recommandera ? — Je le jure. — A la bonne heure !

N° 71. *Si amanece, nos vamos.* (Si le jour vient, nous nous en allons.)

Un homme nu, assis sur une grosse pierre, ayant sur son dos deux enfants attachés ; quatre personnages, à figures hideuses et bestiales, sont assis devant lui, à gauche ; il lève la main vers le ciel tout constellé d'étoiles, mais qui commence à s'éclaircir d'un côté.

Si tu n'étais pas venu, personne ne t'aurait trouvé à dire.

N° 72. *No te escaparas.* (Tu ne t'échapperas pas.)

Une jeune fille, les bras et les épaules nus, vêtue d'une robe légère, fuit devant deux hommes à grosse tête et munis de grandes ailes, qui la poursuivent et l'attei- gnent. Un monstre, aux formes étranges et à figure d'oiseau, se tient perché sur leurs épaules ; un autre monstre se jette au-devant de la fugitive.

Ce qui veut se laisser attraper n'échappe jamais.

N° 73. *Mejor es holgar.* (Il vaut mieux ne rien faire.)

A droite, une femme, debout, les mains croisées devant elle, forme un peloton de fil ; un homme, assis sur un sac, les deux mains étendues, tient un écheveau ; une vieille femme assise, la tête couverte d'un grand mouchoir, file.

Si celui qui travaille le plus jouit le moins, il vaut mieux ne rien faire.

N° 74. *No grites, tonta.* (Ne crie pas, sotte.)

Une jeune femme, élégamment vêtue, jette la tête en arrière, et étend les mains en poussant un cri d'effroi ; elle aperçoit devant elle deux espèces de moines à figures hideuses, qui volent en l'air, et qui paraissent très satisfaits de la rencontrer.

Pauvre Fauchette ! En allant trouver le laquais, elle rencontre les lutins. Heureusement on s'aperçoit que le petit Martin est dans sa belle humeur, et qu'il ne lui fera pas de mal.

N° 75. *¿No hay quien nos desate?* (N'y a-t-il personne qui vienne nous détacher ?)

Un homme et une femme attachés à un arbre par le milieu du corps et par un pied. Il se penche, en faisant un effort désespéré et inutile, pour briser ces liens ;

elle se renverse en arrière, en étendant les bras avec l'expression de la plus vive douleur.

N'est-ce pas un homme et une femme liés avec des cordes et s'efforçant de rompre leurs liens, en demandant à grands cris qu'on les détache au plus vite? Ou je me trompe fort, ou ce sont des mariés malgré eux.

N° 76. *¿Está Usted?... Pues, como digo... ¡ Eh ! cuidado ! sino !...* (Y êtes-vous?... Donc, comme je dis... Eh! prenez garde! sinon!...)

Un militaire obèse et court, vu presque de face, la tête couverte d'un chapeau muni d'une énorme cocarde, tient une canne; il parle à deux individus placés à sa gauche, et vus de profil. L'un est coiffé d'un chapeau à très larges bords; l'autre, appuyé sur des béquilles, a l'air d'un paralytique; derrière lui, un homme, debout, met sa main sur sa bouche pour ne pas éclater de rire. On a supposé qu'il s'agissait du général Tomas Morla, qui fut capitaine-général de l'Andalousie, et qui joua un certain rôle dans les événements de 1808. On lui reprochait une loquacité fatigante et stérile.

La cocarde et le bâton font croire à ce sot qu'il est d'une nature supérieure à celle des autres; il abuse du pouvoir qu'on lui a confié pour fatiguer tous ceux qui le connaissent. Orgueilleux, insolent et vain avec ses subordonnés, il est vil et rampant avec ses supérieurs.

N° 77. *Unos á otros.* (Les uns aux autres.)

Deux vieillards décrépits, l'un affublé d'une grande perruque, l'autre hideusement chauve, sont portés sur les épaules de deux hommes qui paraissent fléchir sous le poids. Ils font les *picadores;* ils frappent de leurs lances un taureau de carton que fait mouvoir un autre individu, dont la tête et le buste disparaissent dans les flancs du quadrupède.

Ainsi va le monde; nous nous moquons les uns des autres. Celui qui jouait hier le taureau, fait aujourd'hui le cavalier; la fortune dirige la fête et distribue les rôles d'après l'inconstance de ses caprices.

N° 78. *Despacha, que despiertan.* (Dépêche-toi, car ils se réveillent.)

Une vieille femme, vue de profil, tient un balai sous son bras; elle parle à l'oreille d'un vieillard qui nettoie un plat placé sur une table. Derrière eux, une autre vieille femme souffle le feu. Toutes ces figures ont ces traits hideusement exagérés que l'artiste aimait à reproduire.

Les petits lutins sont les gens les plus laborieux et les plus obligeants que l'on puisse trouver; si la servante se les rend propices, ils écurent le pot au feu, font cuire les légumes, frottent, balaient et bercent l'enfant. On discute s'ils sont des diables ou s'ils ne le sont pas. Détrompons-nous; les vrais diables sont ceux qui passent leur temps à mal faire, à empêcher qu'on ne fasse le bien, ou à ne rien faire.

N° 79. *Nadie nos ha visto.* (Personne ne nous a vus.)

Cinq moines réunis dans une cave près d'une barrique; quatre (un d'eux n'est vu

que de dos) sont assis, et tiennent en main des verres remplis de vin qu'ils dégus-
tent ou vont déguster avec une extrême satisfaction. Derrière ce groupe, dans
l'ombre du fond, un autre moine, la tête couverte d'un capuchon, étend la main
et partage le contentement général.

Qu'importe que les petits Martins descendent à la cave pour boire un coup, s'ils ont passé
la nuit à travailler, et si la batterie de cuisine brille comme de l'or?

N° 80. *Ya es hora.* (Maintenant c'est l'heure.)

Quatre vieillards, la bouche énormément ouverte, paraissent consternés; l'un
élève les deux bras vers le ciel; un autre, couvert d'un petit manteau et d'une
chemise qui s'arrête au-dessus des genoux, se courbe avec une expression de colère;
les deux derniers, dont on ne voit que les têtes, semblent se réveiller péniblement.

Aussitôt que le jour paraît, chacun s'en va de son côté; plus de sorcières, de visions, de
fantômes... C'est fort drôle que ces gens-là ne se laissent voir que pendant la nuit et sans
lumière, et que personne ne puisse savoir où ils se cachent pendant le jour. Celui qui
viendrait à bout d'attraper un terrier de lutins, et qui le montrerait dans une cage, à midi, à
la Porte-du-Soleil [1], serait sûr de faire fortune.

Nous avons déjà dit que, afin de ne pas alourdir la marche de notre
Étude, nous rejetterions en note la description du recueil des quatre-vingts
planches publiées, à Madrid, en 1863, par l'Académie royale de *Nobles
artes de San Fernando,* sous le titre de *los Desastres de la guerra.* Il forme
huit cahiers petit in-folio oblong, de dix planches chacun. En tête du
premier est un avant-propos fort succinct. Nous en extrairons le passage
suivant : « En publiant ce recueil des compositions jusqu'ici inédites d'un
» grand artiste, l'Académie remplit un devoir. Les misères de la guerre
» sont, sans doute, une des productions les plus originales de Goya; on
» y trouve toute la verve de son imagination fougueuse, exaltée et surex-
» citée par un vif sentiment de patriotisme, dans ces moments terribles
» où une inique invasion étrangère prétendait humilier la fierté castillane.
» Il n'est pas surprenant que Goya, aragonais, au caractère indépendant
» et rude, se soit laissé souvent emporter jusqu'à l'exagération et la
» caricature. Mais aussi quelle originalité dans les types, quel feu dans la

[1] Est-il nécessaire de rappeler que c'est le quartier le plus animé, le plus brillant de Madrid?

» composition, quelle vaillance et quelle fermeté dans le trait, quelle
» décision et souvent quelle finesse dans le dessin! Pour que rien ne
» manque à cette œuvre étrange, les légendes écrites de la main de
» l'artiste pour chaque planche sont un curieux témoignage de son génie;
» concises, énergiques et piquantes, elles sont bien en rapport avec les
» images qu'elles accompagnent. Parfois, un seul mot révèle l'idée qui
» inspirait l'artiste [1]. »

Ces estampes, laissées par Goya à Madrid, oubliées après sa mort, et,
pendant plus de trente ans, confinées dans un vieux coffre par un héritier
insouciant, n'étaient connues que par un tirage très incomplet et très
réduit. L'Académie des Beaux-Arts en a fait l'acquisition. M. Piot, dans
l'*Essai* qu'a publié le *Cabinet de l'Amateur,* et que nous avons cité, n'en
a mentionné que vingt. M. Matheron savait qu'il en existait quatre-vingts,
mais il ne les avait pas vues.

Ces planches ont 13 centimètres de haut sur 21 de large. Goya a
employé, suivant son habitude, l'eau-forte et l'aqua-tinta, en s'aidant
parfois du burin. Presque toutes les figures ont un type espagnol très
prononcé, une laideur farouche; les cheveux sont très noirs et incultes,
les bouches horriblement ouvertes.

Les soldats français qui figurent dans un grand nombre de ces compositions appartiennent à deux classes distinctes : les fantassins ont le sac
au dos et sont vêtus d'une capote; ils sont coiffés d'un shako bas et sans
plumet; les cavaliers sont presque toujours à pied; leurs bottes, les
bonnets ronds à poil (ou colbacks) qu'ils ont sur la tête, leurs uniformes
les désignent comme faisant partie de ce régiment des chasseurs à cheval
de la garde, corps d'élite que commandait le brillant Lefebvre-Desnouettes,
dont Napoléon aimait à s'entourer, et qui, dans les campagnes de 1808
et 1809, montra une vigueur qui fit sur les Espagnols l'impression la plus
vive. Goya s'est plu, d'ailleurs, à donner à ces militaires les physionomies
les plus effrayantes, qu'assombrissent d'énormes moustaches, et parfois
des barbes épaisses. On ne peut fixer exactement le lieu, l'époque où se

---

[1] Ces légendes ne sont pas tracées sur les cuivres originaux, mais elles sont écrites de la
main de Goya dans l'exemplaire longtemps unique que possède M. Carderera. Nous en don-
nons une traduction fidèle.

passent les scènes que retrace l'artiste ; mais la vérité générale des faits saute aux yeux, et l'impression est profonde [1].

Il y a, d'ailleurs, une grande inégalité dans ces planches : parfois le dessin est lâche, incorrect et trop hâtif ; d'autres fois il est d'une pureté et d'une hardiesse admirables. La science de l'anatomie éclate dans la reproduction de nombreux cadavres dépouillés. Du reste, bien des détails sont à peine indiqués, et ces estampes, d'un aspect extraordinaire, étonnent au premier abord ; elles ne peuvent être appréciées qu'après examen.

Elles seraient parfois presque inintelligibles sans quelques explications. Nous avons fait usage, pour celles que nous avons données, d'une Notice relative à ce recueil [2], et insérée dans une publication faite à Madrid (*El Arte en España*, t. II, in-folio). Mais le critique espagnol n'a pas toujours pu deviner l'intention de son compatriote, d'autant plus que diverses de ces *scènes* ne se rapportent plus aux calamités de la guerre. Tracées après la fin des hostilités, elles sont la satire des abus, des tendances qui éclatèrent après le retour d'*el rey neto*. Alors l'Inquisition fut rétablie, toute liberté disparut, et Goya dut déguiser l'audace de sa pensée. Il couvrit donc d'une obscurité calculée l'intention qu'il avait en vue en traçant des dessins que, malgré cette prudente réserve, il ne publia jamais

Il ne faut pas chercher, dans les *Désastres de la guerre,* ces figures de femmes qui donnent parfois tant de grâce aux *Caprichos*. Les femmes qui se montrent dans le recueil nouveau sont des paysannes, des femmes du peuple, mal vêtues, combattant avec rage, ou victimes des fléaux de l'invasion. Une seule fois on rencontre (planche 62) une jolie figure, dont la blancheur ressort au milieu des ombres d'une chevelure d'ébène et d'une mantille noire.

---

[1] D'autres artistes ont retracé les maux de la guerre. Les planches de Callot sont célèbres ; elles sont très bien décrites dans l'excellent catalogue qu'a publié M. Méaume de l'œuvre de ce maître. Leur mérite est incontestable, mais il est tout différent de celui de l'œuvre de Goya. Des planches qui se rapprochent davantage de celles de l'artiste espagnol, mais exécutées tout différemment, et avec le burin, se rencontrent dans un volume bien connu des bibliophiles, l'*Advis fidele aux veritables Hollandois touchant ce qui s'est passé dans les villages de Bodigrave et de Swamerdam.* 1673 (Amsterdam), in-4°, avec figures de Romain de Hooghe.

[2] Cette notice est due à la plume de M. E. Melida ; elle est accompagnée de *fac simile* des planches nos 16, 39, 41 et 60, par le procédé de la zinco-photo-lithographie.

p. 79

N° 1. *Tristes pressentiments de ce qui doit survenir.* — Un homme amaigri, les longs cheveux et la barbe noirs et touffus, incultes, le corps mal couvert de quelques haillons, est à genoux, les bras étendus. Il regarde d'un air suppliant le ciel, dont il semble invoquer la miséricorde. Le fond, couvert d'ombres épaisses, laisse deviner des êtres à formes monstrueuses et effroyables, qui semblent menacer ce malheureux. Il y a là le symbole du peuple espagnol, qui prévoit les calamités que va déchaîner sur lui l'intervention de l'étranger dans ses affaires. Cette planche se distingue par son exécution franche et habile; des lignes très fines, tracées à la pointe sèche, font ressortir le torse du personnage et ses vêtements. Le fond est attaqué vaillamment et sans que les hachures soient croisées, ce que Goya faisait très rarement. C'est un des caractères de sa façon de travailler : ces hachures vont dans diverses directions, ce qui ajoute à l'effet de l'image.

N° 2. *Avec ou sans raison.* — Ce qui était un pressentiment devient une réalité : le peuple espagnol se soulève contre des envahisseurs. Goya a retracé une des scènes dont la ville de Madrid fut le théâtre le 2 mai, lors d'une insurrection qui, n'ayant ni chef ni plan, fut réprimée sans trop d'efforts. La science des barricades n'était pas encore éclose. Deux hommes du peuple, armés l'un d'un épieu, l'autre d'un poignard (ce dernier a le visage tout dégouttant de sang), se jettent sur un groupe de soldats, qui les couchent en joue ou croisent la baïonnette; au fond, d'autres combattants et un cadavre. Il y a un mouvement très expressif, une intention de vengeance furieuse, de valeur sauvage fort bien rendue dans les figures de ces *manolos*. La légende indique de la part de l'artiste du doute sur l'opportunité de ce mouvement.

N° 3. *De même* (c'est-à-dire même légende qu'au n° 2). — Un homme de haute taille, les bas tombés sur les talons, les manches de chemise relevées, tient des deux mains une hache, et porte des coups terribles sur trois soldats; deux gisent étendus sous ses pieds; le troisième, renversé, le sabre à la main, ne peut échapper à l'effroyable atteinte de la cognée levée sur lui. A gauche, un autre Espagnol a terrassé un soldat, et, le serrant entre ses genoux, il va le percer d'un poignard. Il est impossible de ne pas être frappé de l'énergie qui domine dans ce dessin. Dans le coin inférieur de gauche, on remarque le n° 18.

N° 4. *Les femmes donnent de la valeur.* — Les femmes du peuple, à Madrid, s'abandonnant à la fougue de leurs passions, prennent, à la bataille des rues, une part active que Goya a retracée. Il nous montre une femme aux traits altérés par la fureur, aux cheveux flottants, enfonçant une épée dans les flancs d'un soldat terrassé, qui brandit un sabre. Plus loin, une autre femme lutte avec un autre militaire qui semble coiffé d'un turban, et qu'on peut regarder comme un mamelouck. On sait que les mameloucks de la garde avaient été envoyés à Madrid, et bien

7

que ce corps fût en grande partie composé d'Européens, il était, de la part des Espagnols, qui n'y voyaient que des Mahométans, l'objet d'une exécration spéciale.

N° 5. *Ce sont des bêtes féroces.* — Autre combat du même genre. Un soldat, un sabre en main, tombe sous les coups d'une femme qui, d'une main retenant son enfant sur son dos, enfonce avec fureur un épieu dans le corps de son antagoniste. A droite, un autre soldat, debout, lâche un coup de fusil. A gauche, une femme lutte avec un soldat, qu'elle frappe d'une épée ; une seconde femme tient, dans ses deux mains levées au-dessus de sa tête, un pavé, qu'elle s'apprête à lancer. Une autre femme, blessée à mort, expire renversée sur le sol. Il y a, dans ces groupes, un mouvement très remarquable.

N° 6. *Grand bien te fasse!* — Un général français, couché à terre, expire, au milieu d'un groupe de soldats. Dans le fond, des combattants. On peut supposer qu'il s'agit de la mort du général Dupré, tué à Baylen.

N° 7. *Quel courage!* — Plusieurs hommes sont étendus morts à côté d'une pièce de canon placée sur un rempart ; une femme, vue par derrière et les pieds sur leurs cadavres, tient une mèche allumée, et va mettre le feu à la pièce. Un trait pareil est raconté par divers auteurs comme ayant eu lieu au siége de Sarragosse.

N° 8. *Il arrive toujours ainsi.* — Des dragons français battent en retraite, et passent un ruisseau ; un de ces cavaliers s'abat avec sa monture. Fond clair.

N° 9. *On ne veut pas.* — Un soldat français, la tête couverte d'un colback, saisit à bras-le-corps une jeune femme, qui détourne la tête avec horreur, et qui enfonce les ongles de sa main droite sur le visage de l'insolent. Une vieille, une mère, sans doute, accourt, un poignard à la main, et va le frapper entre les épaules. La scène se passe à côté d'une grande roue à élever l'eau *(noria).* Dans un coin, le n° 29.

N° 10. *On ne veut pas non plus.* — Groupe confus de soldats et de femmes qui luttent ensemble. Il y a de la vie et du mouvement dans ces personnages. Au bas, le n° 19.

N° 11. *C'est en vain.* — Des soldats saisissent des femmes qui ne se défendent plus ; elles joignent les mains, hurlent, demandent grâce. Un enfant nu, jeté par terre, pousse des cris plaintifs. Planche signée, et portant le n° 18.

N° 12. *C'est pour cela que vous êtes nés.* — Un amas de cadavres sur un terrain inondé de sang ; des armes brisées ; un homme debout, vomissant du sang par la bouche, et près de s'affaisser lui aussi. Signature de l'artiste, avec le n° 24.

N° 13. *Spectacle amer.* — Un Espagnol, les mains liées derrière le dos. Sa femme, renversée, est, malgré ses cris impuissants, saisie par deux soldats, qui la tiennent chacun par un bras.

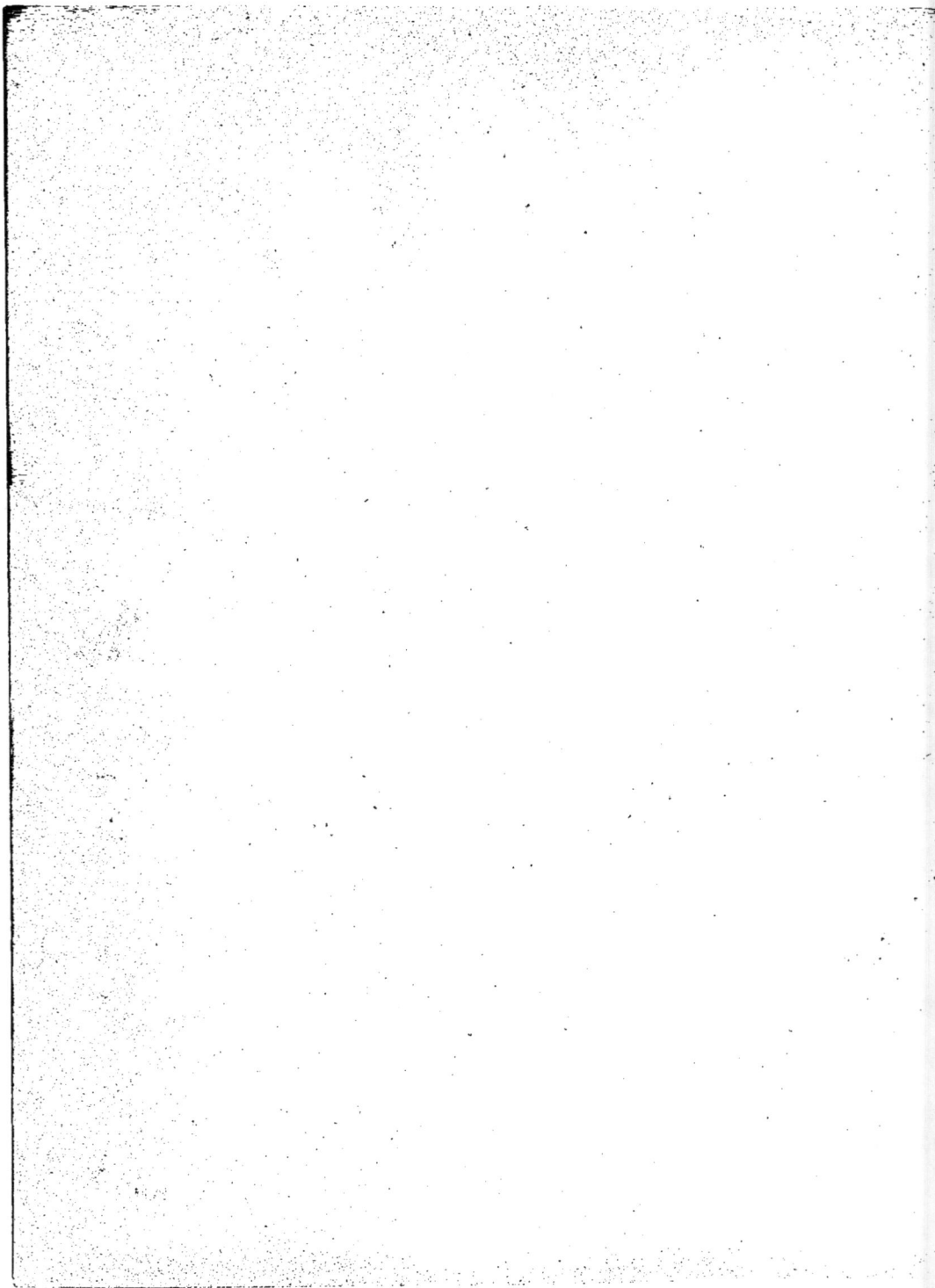

N° 14. *Le cas est dur.* — Un échafaud. Deux hommes, les mains liées et les pieds sur une échelle que deux bourreaux déplacent, ce qui, suivant l'expression anglaise, lancera les condamnés dans l'éternité. Un moine parle à un des malheureux, qui l'écoute avec une expression de repentir, et d'une main il montre le ciel. A gauche, un pendu. A droite, un personnage agenouillé, vu de dos, et dont le tour ne tardera pas. Au fond, des spectateurs. On ne sait trop à quel épisode peut se rapporter cette scène, où ne figurent que des Espagnols. Peut-être est-elle inspirée par les exécutions qui eurent lieu à Valence, pour punir les assassins des Français inoffensifs lâchement égorgés. Dans un coin, le n° 23.

N° 15. *Il n'y a pas de remède.* — Un malheureux, les yeux bandés, et attaché à un poteau; trois canons de fusils sont dirigés vers lui; à ses pieds gît un cadavre percé de balles. Plus loin, deux autres individus, également liés, sont couchés en joue par un peloton de soldats, qui s'apprêtent à les fusiller. La légende rappelle celle de la planche 24 des *Caprices.*

N° 16. *Ils font leur profit.* — Des soldats ennemis dépouillent des Espagnols restés morts sur le champ de bataille. L'un enlève une chemise par dessus la tête d'un mort; l'autre tire un pantalon qui reste encore à une jambe. Trois cadavres nus sont jetés sur un mort encore vêtu. Le dessin est magistral, et cette planche est une des meilleures de la collection.

N° 17. *Ils ne se conviennent pas.* — A gauche, deux militaires à cheval, casque en tête. Un d'eux étend son bras armé d'un sabre, et semble donner un ordre. Par terre, deux soldats morts; au fond, des combattants luttant à coups de sabre. Nous ne nous hasarderons pas à dire à quel ordre d'idées se rapporte ce dessin, d'ailleurs bien médiocre.

N° 18. *Enterrer et se taire.* — Un tas de cadavres nus, étendus à terre; les miasmes qu'ils exhalent infectent l'air. Un homme et une femme les regardent en se bouchant le nez. Cette planche, signée, attaquée plusieurs fois à l'eau-forte et à l'aqua-tinta, est une des bonnes de la série.

N° 19. *Il n'y a pas de temps à perdre.* — Un soldat va frapper de son sabre un homme renversé. Une femme lui saisit le bras, et elle implore un militaire, qui paraît un officier de mameloucks, et qui, le sabre à la main, semble arrêter la fureur de ses soldats. Plus loin, un autre militaire saisit à bras-le-corps une femme agenouillée.

N° 20. *Les guérir, et passer à autre chose.* — Groupe de militaires espagnols grièvement blessés ou expirant. On remarque la douleur, l'expression de résignation empreintes sur le visage de braves gens qui ont fait leur devoir. Planche signée et datée de 1810.

Nº 21. *Il en sera de même.* — Un champ de bataille. Sur le terrain gisent trois cadavres. Deux hommes, debout, enlèvent entre leurs bras un blessé; une femme échevelée se livre à sa douleur, en couvrant son visage de ses mains. Nº 25.

Nº 22. *Tout autant, et plus encore.* — Autre champ de bataille. Plusieurs cadavres gisent, dans diverses attitudes, au milieu d'armes qui jonchent le sol. Ils sont mêlés à des blessés qui râlent, la bouche ouverte et hurlante. Cette planche est signée, et porte la date de 1810.

Nº 23. *Même scène vue ailleurs.* — Encore le même sujet : morts et moribonds entassés. Ils sont retracés avec une rare vigueur. Planche signée.

Nº 24. *Ils pourront encore servir.* — Six hommes occupés à relever des blessés. Un est emporté sur un brancard; son visage porte l'expression d'une souffrance aiguë. Planche signée; nº 12 à la marge inférieure.

Nº 25. *Et ceux-ci aussi.* — Une ambulance. Des médecins extraient une balle de la hanche d'un homme que soutiennent deux infirmiers. A gauche, un malade est dans un lit; à droite, deux cadavres qu'on n'a pas relevés. Les jambes nues de l'un d'eux sont dessinées avec la plus vigoureuse habileté. Dans un coin, le nº 13.

Nº 26. *On ne peut regarder cela.* — Un groupe formé de deux hommes à genoux, cinq femmes et deux enfants, dans les attitudes du désespoir et de la supplication. Des canons de fusil braqués sur eux annoncent que toutes ces misérables victimes vont être fusillées. Planche signée, et portant le nº 21.

Nº 27. *Charité.* — Quatre hommes précipitent dans un trou profond des cadavres nus restés sur un champ de bataille, et dessinés avec un talent admirable; un de ces hommes pousse les corps avec un pieu. Probablement les ensevelisseurs ont-ils eux-mêmes dépouillé les morts, et l'inscription placée par Goya est un de ces sarcasmes ironiques où il se plaisait. Planche signée, et datée de 1810.

Nº 28. *La populace.* — Un homme, en partie dépouillé, est traîné dans les rues avec une corde *(arrastrado);* sa tête a été coupée. Un homme en haillons le frappe; une vieille mégère, les bras élevés, va lui asséner un coup de bâton. De nombreux spectateurs paraissent voir avec indifférence ce spectacle révoltant. On sait que, dans sa colère, le peuple espagnol *arrastró* quelques individus accusés de trahison, entre autres le marquis de Perales, gouverneur de Madrid, auquel on reprocha d'avoir fait distribuer, à l'approche des Français, des cartouches remplies de sable. Ce malheureux avait eu pour maîtresse la fille d'un boucher, et, voulant se venger d'avoir été délaissée, elle fut la première à désigner son ancien amant à la rage de la foule.

Nº 29. *Il le méritait.* — Même scène sous un autre aspect. Les principaux personnages sont ici deux hommes qui tirent la corde liée aux jambes de la victime;

un autre homme va frapper le corps avec un bâton. Un soldat, l'épée nue, approuve le fait. On voit ici que Goya donne son assentiment à cet *arrastramiento* (mot dont nous n'avons heureusement pas d'équivalent en français). On a pensé qu'il pouvait s'agir du général Filangueri, égorgé sous prétexte de trahison. Le dessin, peu correct, offre un caractère très prononcé.

Nº 30. *Les fléaux de la guerre.* — Scène de bombardement. Une maison, atteinte par un projectile, s'écroule, en entraînant dans les ruines qu'amoncèle sa chute, hommes, femmes, enfants et meubles. Un nourrisson périt dans les bras de sa mère. L'horrible confusion qu'amène cette catastrophe est énergiquement retracée. Planche signée.

Nº 31. *Voilà qui est fort.* — Deux Espagnols sont pendus aux branches d'un arbre. Près d'eux, vu de face, un militaire, dont le visage est celui d'un véritable Barbe-Bleue, remet son sabre dans le fourreau. A gauche, deux autres militaires, couchés, se livrent au sommeil. Cette planche, qui porte dans un angle le nº 32, n'est pas une des meilleures de la collection.

Nº 32. *Pourquoi?* — Trois soldats pendent à un arbre un malheureux qui, les mains liées derrière le dos, pousse des cris inutiles. Un de ses bourreaux lui donne un coup de pied dans le dos; un autre le tire par les jambes.

Nº 33. *Que peut-on faire de plus?* — Un prisonnier, nu, est étendu par terre. Quatre militaires barbus, à figures féroces, l'entourent; deux le soulèvent par les jambes, qu'ils tirent chacun de leur côté; un autre, le sabre à la main, se dispose à opérer une affreuse mutilation; le quatrième regarde d'un air satisfait.

Nº 34. *Pour un couteau.* — Un homme est attaché à un poteau, près d'être garrotté. Une corde placée autour de son cou soutient un couteau *(navaja);* dans ses mains, un crucifix. Tout autour de l'échafaud, une foule nombreuse donne des marques de désespoir. Il s'agit, sans doute, de l'exécution de quelque individu ayant joué du couteau à l'égard d'un Français, et objet des sympathies populaires.

Nº 35. *On ne peut savoir pourquoi.* — Huit individus placés sur un échafaud et garrottés. Chacun d'eux a, sur la tête, un petit bonnet noir sur lequel est une croix blanche; chacun a, pendu au cou, une arme : sabre, baïonnette, pistolet, poignard. L'intention est la même que pour le nº 34.

Nº 36. *On ne le peut pas non plus.* — Un Espagnol couvert d'une longue chemise, ayant les pantalons affalés sur les pieds, est pendu à un arbre. Un militaire français, ayant l'uniforme de la cavalerie, assis en face sur une grosse pierre, la tête appuyée sur une main, le regarde avec une vive satisfaction. Au fond, à gauche, deux autres pendus. Dans un coin, le nº 29.

Nº 37. *Ceci est pire.* — Un homme nu a été empalé avec une branche d'arbre;

la pointe du pieu ressort entre ses épaules, et il a le bras coupé au-dessus du coude. Ses souffrances lui arrachent des hurlements. Plus loin, divers militaires. Un, à moitié couché, paraît indifférent à ce qui se passe; un autre brandit son sabre. N° 32.

N° 38. *Barbares!* — Un homme, la tête nue, est attaché par des liens nombreux la face contre un arbre. Deux soldats français, le couchant en joue, vont le fusiller par derrière. Dans le fond, trois autres soldats. Dessin mou, planche médiocre.

N° 39. *Grand exploit sur les morts.* — Trois cadavres horriblement mutilés sont attachés à un arbre. De l'un d'eux, il ne reste que le tronc et les jambes; la tête et les deux bras sont placés à part. L'infériorité du n° 38 est compensée par la savante exécution de cette planche, qui est signée.

N° 40. *Il en tire quelque parti.* — Une plaine aride; un homme, vu par le dos, fait un effort énergique pour saisir la tête d'un animal de grande taille, qui semble un sanglier. Il est armé d'un couteau avec lequel il coupe la mâchoire de la bête. Il y a là quelque allusion allégorique qui reste un mystère.

N° 41. *Ils s'échappent à travers les flammes.* — Des malheureux fuient avec précipitation hors d'une ville incendiée. Deux hommes emportent une femme demi-nue et évanouie; un autre a un vieillard sur ses épaules. Il y a du mouvement, de la vie dans cette estampe. Quant au fait qu'elle retrace, il se reproduisit plus d'une fois dans la guerre de l'indépendance; presque à son début, la ville de Torquemada fut saccagée et brûlée.

N° 42. *Tout va au rebours.* — Des moines fuient dans la campagne; leur couvent est la proie du feu; leur costume annonce des Dominicains et des Capucins. On sait que Goya n'aimait pas les ordres religieux; il a grossi, chargé les traits des fugitifs de façon à en faire de véritables caricatures. Cette planche tourne au grotesque, tandis que la précédente inspire la terreur.

N° 43. *Et ceci aussi.* — Des Franciscains cherchent leur salut dans la fuite. Même pensée que dans le n° 42, mais l'exécution est bien moins soignée.

N° 44. *Je l'ai vu de mes yeux.* — Les habitants d'un village menacé par l'ennemi s'enfuient dans les montagnes. L'un porte un gros paquet sur sa tête; deux sont en croupe sur un âne. Au premier plan, figure remarquable d'une femme qui, d'un bras, tenant sur son épaule un très jeune enfant, relève, de l'autre main, un autre enfant qui, saisi d'effroi, s'est laissé tomber. A gauche, un individu, dont le costume semble celui d'un ecclésiastique, se sauve, un sac d'argent à la main. Il y a à la fois du grotesque et du pathétique dans cette estampe, qui est une des bonnes de la collection; elle est signée. La scène qu'elle représente se reproduisit sans cesse, et il est tout simple que Goya en ait été témoin oculaire.

N° 45. *Et ceci aussi.* — Même sujet, mais traité à un point de vue moins tragique;

. le péril est moins pressant. Deux femmes emportent, sans hâter le pas, toutes sortes d'objets de ménage pêle-mêle avec des enfants. A droite, un personnage disparaît presque entièrement sous l'immense paquet dont il s'est chargé; à gauche, court un cochon.

Nº 46. *Ceci est mal.* — Trois militaires debout; l'un d'eux passe son sabre au travers du corps d'un Espagnol à genoux; un autre a un air de satisfaction. Dessin peu correct et exécution médiocre. On serait tenté de croire que Goya, mécontent de son propre travail, l'a apprécié dans la légende qu'il y a jointe.

Nº 47. *C'est ainsi qu'il en advint.* — Un moine qui paraît toucher à ses derniers moments, à genoux et les mains jointes, auprès de la barrière de l'entrée du couvent; plus loin, marchant vers la droite, des soldats chargés d'un tas énorme de butin composé d'objets servant au culte : croix, chandeliers, calices, ornements d'église.

Nº 48. *Plainte cruelle.* — Des cadavres sont étendus sur le sol. Un homme debout, horriblement amaigri, tend son chapeau et sollicite l'aumône on ne sait de qui, puisqu'il n'y a personne pour la faire. Une femme, assise près de lui, tient un enfant; un autre gît sur le sol. Cette gravure est une de celles qui paraissent avoir été inspirées par la famine qui sévit à Madrid, en 1811.

Nº 49. *Charité d'une femme.* — Une vieille femme vue de dos apporte des aliments à une famille en proie aux plus rudes privations. A droite, un ecclésiastique, debout, coiffé d'un immense chapeau à la Basile; à son côté, une jeune femme. Cette planche peut être envisagée comme ayant une intention satirique.

Nº 50. *Une mère malheureuse.* — Trois hommes portent entre leurs bras une femme sans connaissance, et peut-être morte de faim. Une petite fille les suit en pleurant et en criant. Composition pathétique.

Nº 51. *Grâces soient rendues au millet.* — Six personnages, trois assis, trois debout, hommes et femmes, mangent avidement une bouillie que distribue une vieille femme. Ils paraissent très satisfaits d'avoir ce que jadis ils dédaignaient. Il y a de l'expression dans les physionomiés.

Nº 52. *On n'arrive pas à temps.* — Une jeune fille est étendue par terre sans vie; une autre, expirante, est soulevée par trois femmes, dont l'une paraît une religieuse; on veut la secourir, mais il est trop tard. C'est encore une scène de famine.

Nº 53. *Elle a expiré sans secours.* — Six personnages (entre autres une femme coiffée de la mantille et un panier au bras) entourent, en la cachant aux yeux, une victime des malheurs du temps. Les trois figures dont on aperçoit le visage sont d'une expression puissante; le type national est bien reproduit, ainsi que dans le nº 52.

Nº 54. *Clameurs inutiles.* — Un groupe d'individus affamés, décharnés, expirants, implore en vain la compassion d'un militaire qui, enveloppé dans son manteau, la tête couverte d'un grand tricorne, passe son chemin en jetant sur eux un regard de dédain.

Nº 55. *Le pire est de demander.* — Scène du même genre. Les mendiants, vus de face, sont au nombre de quatre ; un cinquième, étendu sur le dos, a rendu le dernier soupir. Une dame française, dont le costume rappelle exactement le *Journal des Modes,* en 1812, s'achemine vers un militaire, à gauche, sans écouter les supplications qu'on lui adresse.

Nº 56. *Au cimetière.* — Deux hommes portent entre leurs bras un cadavre ; à gauche, un autre mort, étendu sur le sol, attend son tour. On n'a pas le temps de demander des cercueils. Dans le fond, l'esquisse d'une femme tenant un enfant.

Nº 57. *Sains et malades.* — Un intérieur de famille désolée. Un homme, demi-nu, assis et désespéré ; un autre gît par terre. Une femme offre à un nourrisson un sein stérile ; une vieille femme, debout, soutient un petit garçon en chemise qui, horriblement décharné, va tomber à la renverse. Au fond, à droite, deux femmes debout. Ces scènes de famine firent sur l'esprit de Goya une vive impression, et il a vigoureusement retracé les horreurs dont il fut le témoin.

Nº 58. *Il n'y a qu'à pousser des cris.* — Autre groupe de mendiants décharnés, affamés, suppliants. Des personnages, enveloppés dans d'amples manteaux, s'éloignent sans les écouter.

Nº 59. *A quoi sert une tasse?* — Deux hommes, une femme, trois enfants renversés, forment un groupe assez confus. Une femme, debout, apporte un petit vase plein d'aliments, ressource très insuffisante pour tant de bouches.

Nº 60. *Il n'y a personne pour les secourir.* — Un homme, debout, cache sa figure avec une de ses mains par un geste plein de désespoir. Autour de lui gisent plusieurs cadavres.

Nº 61. *Comme s'ils étaient d'une autre race.* — Un homme chauve, décharné, en chemise, ayant à ses pieds des enfants expirants, tend la main à un Français qui, la canne à la main, s'éloigne d'un air riant. A droite, un autre Français, debout. Ces deux personnages n'appartiennent pas à l'armée. Cette indifférence, vraie ou supposée, des conquérants pour les maux des indigènes est, on le voit, une idée qui frappa vivement Goya.

Nº 62. *Les lits de la mort.* — Sur un fond noir se détachent confusément des personnages étendus par terre ; une petite femme, courte et grosse, enveloppée dans un grand châle blanc, se couvre le visage. Nous sommes hors d'état d'expliquer nettement la pensée qui a guidé l'artiste.

Nº 63. *Morts recueillis.* — Des cadavres étendus par terre, et jetés les uns sur les autres.

Nº 64. *Charretées pour le cimetière.* — Le nombre des morts est si grand qu'on les porte à leur dernière demeure tout vêtus, et empilés les uns sur les autres. Debout sur la charrette, un homme tient par les jambes et fait descendre un cadavre de femme, qu'un fossoyeur prend par les épaules.

Nº 65. *Quelle calamité!* — Trois femmes, marchant vers la droite, se retirent en se livrant au désespoir, en se couvrant la figure avec les mains. Un chien, tourné vers elles, aboie. A gauche, un militaire, assis, tient une plume; un registre, placé sur une table, est ouvert devant lui. La pensée de l'artiste n'est pas bien connue.

Nº 66. *Étrange dévotion.* — Un âne s'avance, portant sur son dos une statue ou un corps de saint devant lequel plusieurs individus, hommes et femmes, placés à droite et à gauche, se prosternent avec les marques de la plus profonde vénération.

Nº 67. *Celle-ci ne l'est pas moins.* — Des vieillards, vêtus à l'ancienne mode, et appuyés sur leurs cannes, portent sur leurs épaules une image de la Vierge. Au fond, à droite, des gens à genoux; un homme apporte dans ses bras une autre madone. Il y a, dans cette planche et dans la précédente, une pensée irrévérencieuse à l'égard des cérémonies du culte.

Nº 68. *Quelle folie!* — On distingue avec peine, dans cette planche, un homme assis, vu de face, tenant une cuiller et un plat. Auprès de lui des tableaux, des madones, des images de saints à physionomie étrange; tout cela fort confus. Il n'est pas douteux que Goya n'ait eu des idées moqueuses et peu orthodoxes; mais se souvenant de l'époque et du pays où il vivait, il les a couvertes d'un voile obscur.

Nº 69. *Rien!* — C'est le sujet où Goya a étalé un scepticisme désolant, et nous avons cité (chap. IV, p. 20) ce qu'en a dit M. Th. Gautier. Un mort, sorti pour un moment du sépulcre, trace de sa main osseuse, sur un écriteau placé devant lui, le mot fatal : *Nada!* Rien! Dans le fond, très obscur, des figures à peine indiquées, des visages humains grimaçants, une main qui tient une balance.

Nº 70. *Ils ne savent pas le chemin.* — Une longue file d'ecclésiastiques, de moines, de gens de loi, suivent, à travers une montagne, une route qui les conduit on ne sait où; une corde, passée au cou de chacun, les attache ensemble. Où vont-ils? On l'ignore, l'artiste ne l'a pas dit; mais là encore son intention n'a pas été bienveillante.

Nº 71. *Contre le bien général.* — Ici commence une suite de compositions allégoriques qui ne paraissent pas avoir de rapport avec les désastres de la guerre, et dont il est à peu près impossible de donner une explication satisfaisante. La prudence porta certainement Goya à envelopper sa pensée de façon qu'elle ne fût intelligible que pour quelques initiés. Un homme chauve, à l'air stupide, et dont le costume semble celui d'un moine, écrit dans un gros livre placé sur ses genoux. Sur ses épaules, de grandes ailes de chauve-souris; ses mains et ses pieds se terminent en griffes.

N° 72. *Résultats.* — Un homme est étendu par terre; il paraît privé de vie. Une énorme chauve-souris, un vampire, placé sur sa poitrine, lui suce le sang. Une demi-douzaine d'autres vampires s'abattent autour de lui ou arrivent à tire-d'aile pour avoir leur part de la curée. N'est-ce pas l'image de la nation espagnole?

N° 73. *Pantomime féline.* — Un gros chat est couché sur une sorte de piédestal; un moine est à genoux devant lui, les mains jointes, la tête couverte d'un capuchon. Un oiseau de proie, les ailes déployées, s'avance vers le quadrupède. Dans le lointain, quelques figures de spectateurs.

N° 74. *Ceci est le pire.* — Un renard écrit sur un morceau de papier, sur lequel on lit : *C'est ta faute, misérable race humaine!* Un moine, agenouillé devant le quadrupède, lui présente un cahier. De chaque côté, dans le fond, diverses figures. Une femme, les pieds nus, l'air stupide et ignoble, joint les mains avec vénération. Dans le coin, à gauche, un homme demi-nu, debout, l'air sauvage, hurle et fait un effort inutile pour briser les liens qui attachent ses poignets.

N° 75. *Farandole de charlatans.* — Ronde de figures grotesques à tête d'âne, de pourceau, de singe, de perroquet, etc. Les personnages sont indiqués confusément, mais les vêtements indiquent qu'il y a là des moines. Goya a dû, malgré lui, sans doute, s'abstenir de donner plus de clarté à sa pensée.

N° 76. *Le vautour carnivore.* — Un aigle mutilé, privé de sa queue et les ailes coupées, fuit péniblement au milieu des huées de la foule, qui le poursuit de ses vociférations. Un homme dirige sur lui un coup de fourche. Au fond, marchant vers la droite, des soldats en retraite. Il y a là une allusion évidente à l'évacuation de l'Espagne par les Français, vers la fin de l'an 1813.

N° 77. *La corde casse.* — Un personnage, la tête nue, les deux bras étendus, se tient debout sur une corde suspendue en l'air. Une foule d'individus, dont on ne voit que les têtes, le regardent. L'artiste a voulu désigner le roi Joseph ou l'empereur Napoléon, qui, voulant subjuguer l'Espagne, entreprend un tour de force périlleux où il échoue.

N° 78. *Il se défend bien.* — Un cheval, attaqué par une demi-douzaine de loups, se défend avec vigueur; il mord, il rue, et il tient ses ennemis en respect. A droite, quatre chiens, collier au cou, regardent le combat sans s'en mêler; les liens qui les retiennent les empêchent de venir au secours du brave coursier.

Nº 79. *La Vérité est morte.* — Une jeune femme, vêtue d'une robe légère, les bras croisés sur la poitrine, est étendue sans vie; sa tête est ceinte de lauriers. Un évêque, debout devant elle, et vu de face, lui donne sa bénédiction. A droite, une femme, assise, tenant une balance (la Justice?), se livre à une sincère affliction. Dans le fond, de chaque côté, des personnages debout, vaguement indiqués pour la plupart. On distingue cependant la tête d'un moine, et un homme chauve avec de grosses lunettes.

Nº 80. *Elle ressuscitera.* — La Vérité, vue jusqu'à mi-corps, sort de sa tombe; elle jette un vif éclat qui offusque des figures grotesques et hideuses, vaguement aperçues dans l'ombre du fond, et qui ont parfois des têtes d'animaux monstrueux. Un de ces personnages tient un gros livre qu'il va jeter sur la Vérité; un autre a en main une massue. On croit pouvoir distinguer deux moines pleins de colère; mais tout cela est obscur. La pensée de Goya, coup d'œil jeté dans l'avenir, a une portée prophétique: l'Espagne qu'il retraçait ne ressemble plus à l'Espagne contemporaine, où la presse jouit d'une liberté assez grande, et où les questions de chemins de fer sont un des plus vifs sujets de préoccupation.

Abordons maintenant la description d'une autre suite de compositions: *Los Proverbios, coleccion de diez y ocho laminas inventadas y grabadas al agua fuerte, por Don Francisco Goya*, Madrid, 1864 (in-folio oblong, publié par l'Académie de San Fernando), sont bien peu connus en France, et ils méritent toute l'attention des amis des arts. Ces planches ont trente-deux centimètres un quart de long sur vingt centimètres et demi de hauteur. Nulle part Goya n'a poussé plus loin l'exagération du système qu'il avait adopté, et qui, se manifestant dans les *Caprices*, se prononçant encore plus dans les *Désastres de la guerre*, atteint ici à ses dernières limites. Les fonds sont d'une obscurité complète; les figures, souvent à peine éclairées, se distinguent difficilement; les groupes sont parfois tellement confus, qu'il est malaisé de les débrouiller. Les traits du visage humain sont défigurés jusqu'à la monstruosité; mais dans tout cela éclate la puissance d'un génie fougueux servi par la main la plus habile. Les allusions aux événements politiques, à la condition sociale de l'Espagne, ne sont pas douteuses; mais l'artiste a couvert sa pensée d'un voile qu'il n'y a nul moyen de soulever aujourd'hui. Lui seul aurait pu nous initier au secret de sa pensée, nous livrer une clé pour toujours perdue. Nous ne chercherons pas à la retrouver.

Voici les sujets que retracent les dix-huit planches :

N° 1. Six femmes tiennent une couverture et bernent deux hommes, ou plutôt deux mannequins, qu'elles font voler en l'air.

N° 2. Des soldats tombent frappés d'épouvante ou fuient avec précipitation à l'aspect d'un tronc d'arbre qui, couvert d'un immense suaire, ressemble à un gigantesque fantôme. Un de ces militaires s'aperçoit cependant de la réalité des choses. Nous avons déjà parlé (page 21) de cette composition et de la suivante.

N° 3. Famille de neuf ou dix Bohémiens perchés sur un tronc d'arbre qui domine un abîme. (Voir page 21.)

N° 4. Un personnage trapu, aux jambes courtes, danse lourdement en agitant des castagnettes dans chaque main, et en se livrant à un rire qui ouvre sa large bouche. A droite et à gauche, deux têtes hideuses offrent l'expression de la douleur. A droite, un homme soutient un corps enveloppé dans d'amples draperies. On peut reconnaître, dans ce dessin, un meurtrier devant lequel se dressent des spectres. (Voir aussi page 21.)

N° 5. Un homme, vu de dos, soutient entre ses bras une figure enveloppée d'une longue draperie qui semble battre des mains; ces deux personnages sont à cheval sur un monstre pourvu de deux ailes énormes, et dont la tête horrible offre une gueule ouverte et armée de dents formidables.

N° 6. Un homme debout à l'entrée d'un endroit obscur; il a tout l'air d'un bandit. Un autre homme s'avance vers lui avec une expression de colère; il tient des deux mains un long bâton ferré. Un quatrième personnage, ouvrant une large bouche pour pousser un cri, est renversé à ses pieds. A droite, un personnage, enveloppé dans un suaire, s'éloigne en baissant la tête.

N° 7. Un personnage à figure hideuse étend les deux bras en avant; sur son dos une femme les bras croisés sur la poitrine; les jambes de cet être, qui a l'air de se composer, comme les célèbres jumeaux Siamois, de la réunion de deux corps, touchent à terre. A gauche, d'autres personnages assis regardent; les physionomies sont le *nec plus ultrà* de la charge la plus outrée.

N° 8. A droite, un individu, debout, vêtu d'un long sac; il a la mine d'un juge. Quatre autres personnages ont l'air de l'écouter avec déférence. Un cinquième tombe à la renverse. Au fond, et se perdant dans le lointain, rangée de figures voilées et complètement cachées sous d'amples draperies.

N° 9. Scène de sorcellerie comme Goya se plaisait à les représenter. Une sorcière tient quatre chats sur ses genoux. Un individu s'agenouille devant elle; un autre, debout, présente un petit enfant; d'autres figures se distinguent au milieu d'ombres épaisses que déchirent de vives traînées blanches.

N. 10. Une femme sur un cheval qui se cabre, et qui, en retournant la tête, saisit la robe avec les dents.

N° 11. Une femme à deux têtes, les bras étendus, et derrière laquelle courent deux autres personnages, se précipite sous une arcade. Là se trouvent debout cinq figures : trois sont des femmes parvenues à une extrême vieillesse ; une, courbée et brisée par l'âge, s'appuie sur une paire de béquilles.

N° 12. Trois femmes agitant des castagnettes, et trois hommes, dans les attitudes les plus baroques, dansent en rond.

N° 13. Un homme coiffé d'une tête d'oiseau, volant dans les airs, soutenu par des ailes immenses qu'il fait mouvoir au moyen de cordes qui passent sous ses pieds; dans le lointain, d'autres personnages se livrent à un exercice semblable.

N° 14. Un homme, coiffé d'un bonnet pointu, et dont la physionomie offre l'expression de l'idiotisme, semble se livrer à une sorte de danse; il a pour vis-à-vis un personnage à tête difforme, et dont les souliers sont ornés de boucles énormes. Des personnages à figures étranges les entourent et les regardent.

N° 15. Réunion de personnages qui, pour la plupart, ont l'air de mendiants et de nègres; trois soutiennent de leurs mains une vaste draperie. Un personnage qu'on distingue à peine, mais dont la figure est celle d'un énergumène, et dont les deux bras sont étendus avec le geste du commandement le plus impératif, semble, d'après ses vêtements, être un moine. A droite, un homme à genou appuyé sur sa canne.

N. 16. Une femme, debout, prend par la main un homme qui penche la tête en se frappant le front; elle paraît vouloir joindre cette main à celle d'une autre femme couverte d'amples draperies. A droite, un homme debout, un doigt étendu, paraît faire la morale à ce personnage repentant. A gauche, des individus à têtes grotesques.

N° 17. Un vieillard chauve et obèse, les jambes nues, est assis; ses mains sont jointes sur sa poitrine; près de lui, à gauche, un chien et une corbeille. A droite, divers personnages le montrent du doigt en riant; à gauche, deux autres individus lui parlent en étendant la main vers lui. Un troisième personnage, dont la tête seule paraît dans le fond, tient une forte seringue.

N° 18. Sur un fond de ciel où règne l'obscurité la plus profonde, un vieillard s'avance; il semble planer péniblement dans les airs. Sur le sol, un cadavre de femme. Une espèce d'oiseau à grosse tête de femme danse devant lui; quelques figures se distinguent à peine à travers les ténèbres, et un pendu est accroché à une branche d'arbre.

Nous sommes heureux de pouvoir donner, grâce à l'infatigable obligeance de M. Zarco del Valle, quelques détails sur les six dessins de Goya, appartenant à M. Carderera. Les quatre premiers paraissent se rapporter à la suite restée inédite des *Caprices;* le cinquième rentre dans le recueil des *Sueños* ou *Proverbios;* le sixième, qui paraît isolé, est un de ces sujets de fantaisie comme Goya aimait à en retracer.

N° 1. Un démon, sorcier ou sorcière, est assis sur une sorte de chaine formée de corps d'enfants qui se retiennent les uns aux autres par les pieds et les mains. Une figure voilée imprime un mouvement de balançoire à la chaine, en soufflant quelque chose à l'oreille du démon. — Au crayon rouge, lavé de rouge. Ce lavis est obtenu, je crois, au moyen du crayon lui-même délayé dans de l'eau.

N° 2. Singulière et étrange composition. Une femme, aux formes puissantes, soulève un enfant, dans la bouche duquel elle souffle. Ce que ce souffle devient, nous ne saurions honnêtement l'exprimer. Au second plan, une sorcière lit dans un livre qu'éclaire une chandelle plantée dans certain endroit du corps d'un second enfant, qui, s'appuyant sur ses mains, tête en bas, jambes en l'air, lui constitue un chandelier d'étrange sorte. Autre détail indescriptible : la sorcière est assise sur une tête gigantesque, dont la bouche béante engloutit.....

Goya a également exécuté à la plume, simulant la gravure, une variante de cette même composition.

N° 3. Un nid de sorcières. — Sous la voûte d'une caverne, un groupe de sorcières, s'entrelaçant les unes aux autres dans des attitudes bizarres, offrent les raccourcis les plus violents. Elles paraissent se tordre dans un rire satanique, et s'apprêtent à sortir. Dessin superbe.

N° 4. En route pour le sabbat. — Une gracieuse femme chevauche sur un bouc; elle se tient aux cornes de l'animal. Entre les pattes du bouc, deux sorcières s'abritent, éclairant la route à l'aide de deux torches. Ce groupe file rapidement dans la nuit. — Au crayon rouge, lavé de rouge. Charmant dessin.

N° 5. *Sueño : crecer despues de morir.* — Goya a représenté un cadavre qui, soulevé par la multitude, semble, en effet, atteindre une taille surnaturelle. — Dessin à la plume simulant l'eau-forte.

Nº 6. Tête de vieillard couverte d'une longue chevelure (une vraie crinière), dévorant des êtres vivants. Quelle pensée Goya a-t-il voulu exprimer en dessinant ce Saturne? — Dessin au crayon rouge.

D'autres dessins, que possède également M. Carderera, se rattachent aussi aux *Caprichos;* ce sont pour la plupart des scènes de sorcellerie ou des réunions de moines, charges qui révèlent des dispositions très peu favorables aux ordres religieux. Il serait presque impossible de donner une description exacte des dessins inédits des *Proverbios;* ils n'offrent que la première pensée de l'artiste : c'est un chaos d'où, plus tard, il devait sortir quelque chose.

Terminons cette longue Étude en signalant deux productions de Goya dont nous devons la connaissance à d'obligeantes communications, qui nous sont parvenues pendant le cours de notre travail.

Un jeune artiste auquel l'histoire des arts est déjà redevable de plusieurs publications intéressantes, et qui rendra à la science d'utiles services, M. Ch. Marionneau, a bien voulu nous communiquer un croquis de Goya, et une petite lithographie représentant le vieux maître sur son lit de mort. Ces deux pièces se sont rencontrées dans les cartons de M. de Brugada, peintre espagnol, qui a résidé à Bordeaux, et qui a été en relations suivies avec son illustre compatriote.

Le petit croquis, fait à l'encre de Chine, représente un groupe de Bohémiens espagnols, rangés en cercle autour d'un feu. L'un de ces hommes tient une guitare, et celui du premier plan, vu de dos, s'appuie sur une béquille. Au milieu de la scène, sur le feu, est une marmite, soigneusement surveillée, et de très près, par une femme accroupie, qui tient, de sa main gauche, une cuiller, et de la droite, le couvercle de ladite marmite.

Ce croquis est bien dans l'esprit du maître; il est facilement exécuté, et large d'effet; il rappelle les *Caprices*. (Largeur, 0ᵐ20; hauteur, 0ᵐ18.)

La petite lithographie représente Goya sur son lit de mort. A part la tête, qui est étudiée, le lit et les accessoires sont simplement indiqués au trait. Cette lithographie mesure 18 centimètres et demi, sur 13 centimètres et demi ; elle porte la signature : F. de la Torre, 1828. — Lith. de Gaulon, à Bordeaux.

D'un autre côté, M. C. Vatel, avocat à Paris, instruit que nous nous occupions d'un travail sur Goya, a bien voulu nous adresser une lettre à laquelle nous empruntons un passage intéressant :

« Je me suis occupé, depuis quelques années, de recherches sur Charlotte de » Corday, et parmi les portraits de cette femme célèbre que j'ai recueillis, il s'en » trouve un signé Franc. Goya.

» En voici la description :

» C'est un petit dessin lavé à l'aquarelle, forme ovale. Hauteur, 0m12 ; lar- » geur, 0m08. En haut, on lit : CARLOTTA CORDAY. MADRID. 1793. En bas : Franc. Goya.

» Charlotte Corday est assise dans un fauteuil placé de profil relativement au » spectateur.

» Elle tient un numéro du journal de Marat, dont on peut lire le titre, écrit en » français : l'Ami du Peuple.

» Ses regards se sont détournés de l'horrible feuille, que sa main gauche laisse » retomber sur ses genoux ; elle ne lit plus, elle rêve,... sans doute au sanglant » projet qu'elle a conçu ; sa main droite soutient sa tête pensive. Elle semble » s'interroger et se dire : Frapperai-je l'auteur de ces lignes homicides ?

» L'artiste ne s'est visiblement pas soucié de la ressemblance historique. Il n'a » vu qu'une figure dramatique et gracieuse tout ensemble à représenter, et il a » réussi à rendre la grâce dans le drame.

» Sa Charlotte Corday est une jeune madrilène, coiffée d'un chapeau de couleur » bleuâtre à forme basse et à larges bords ; elle a une robe rose, une collerette et » des manchettes plissées ; un mantelet noir flotte autour de ses épaules.

» Le type de la tête me paraît être celui qu'affectionnait Goya, quand il sort de la » caricature et qu'il veut faire une jolie figure. Ce dessin est évidemment d'une » grande finesse et d'un grand charme d'exécution ; il est facile d'y reconnaître la » main d'un maître. S'il n'est pas de Goya, ce que je n'oserai affirmer, il est digne » de lui.

» Mais il se présente ici une circonstance fort singulière J'ai trouvé une gravure » anglaise aux trois couleurs, représentant une femme qui lit, et portant le titre : » la Lecture. La pose, le costume, les accessoires et tout l'ensemble présentent » non pas de la similitude, mais l'identité la plus parfaite avec le dessin de Goya ;

» et comme la gravure est datée de 1785 ou 1786, il n'y a pas à en douter, l'anté-
» riorité est acquise à l'estampe anglaise. Goya s'est donc inspiré, au point de vue
» de l'arrangement matériel, de la figure qu'il avait sous les yeux. Mais l'expression,
» la pensée, l'âme, sont bien son œuvre, et n'ont rien de commun avec la froide
» composition de l'artiste britannique. »

Nous recevons, au moment de mettre sous presse, le catalogue d'une
vente faite, le 12 décembre 1864, à Paris, par M. Vignerte. Nous y
remarquons (n° 891), avec le nom de Goya, deux esquisses à l'huile sur
fer-blanc de deux des sujets traités dans les *Caprichos* : n° 26, *Ya tienen
asiento*, et n° 30, *Porque esconderlos?*

9

LISTE DES PHOTOGRAPHIES

JOINTES A L'ÉTUDE SUR GOYA

———

PORTRAIT DE GOYA.

CAPRICHOS :

    Nᵒ 5. Qui se ressemble s'assemble.
       7. Même ainsi il ne la distingue pas.
      11. Garçons à l'ouvrage.
      16. Dieu vous pardonne ; — et c'était sa mère !
      27. Qui est le plus soumis ?
      28. Chut !
      40. De quel mal mourra-t-il ?
      42. Toi qui ne peux pas.

TAUROMAQUIA :

    Nᵒ 16. Martincho faisant tourner un taureau.
      18. Martincho attendant le taureau assis et les pieds enchaînés.
      19. Martincho, les pieds enchaînés, sautant par dessus un taureau.
      20. Juanito Apinani sautant avec une perche par dessus un taureau.

DESASTROS DE LA GUERRA :

    Nᵒ 3. Avec ou sans raison.
      5. Ce sont des bêtes féroces.
    L'HOMME GARROTTÉ.

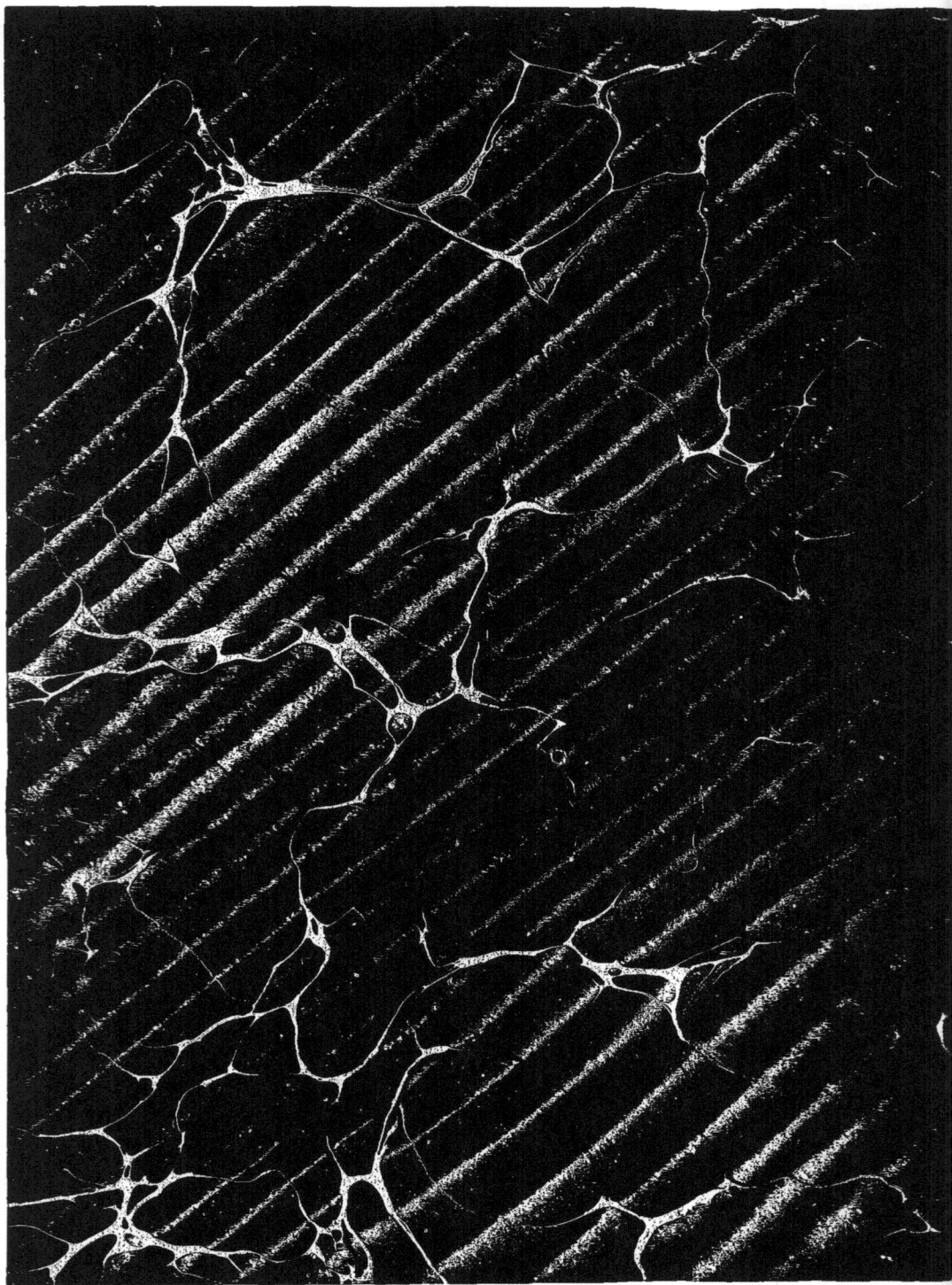

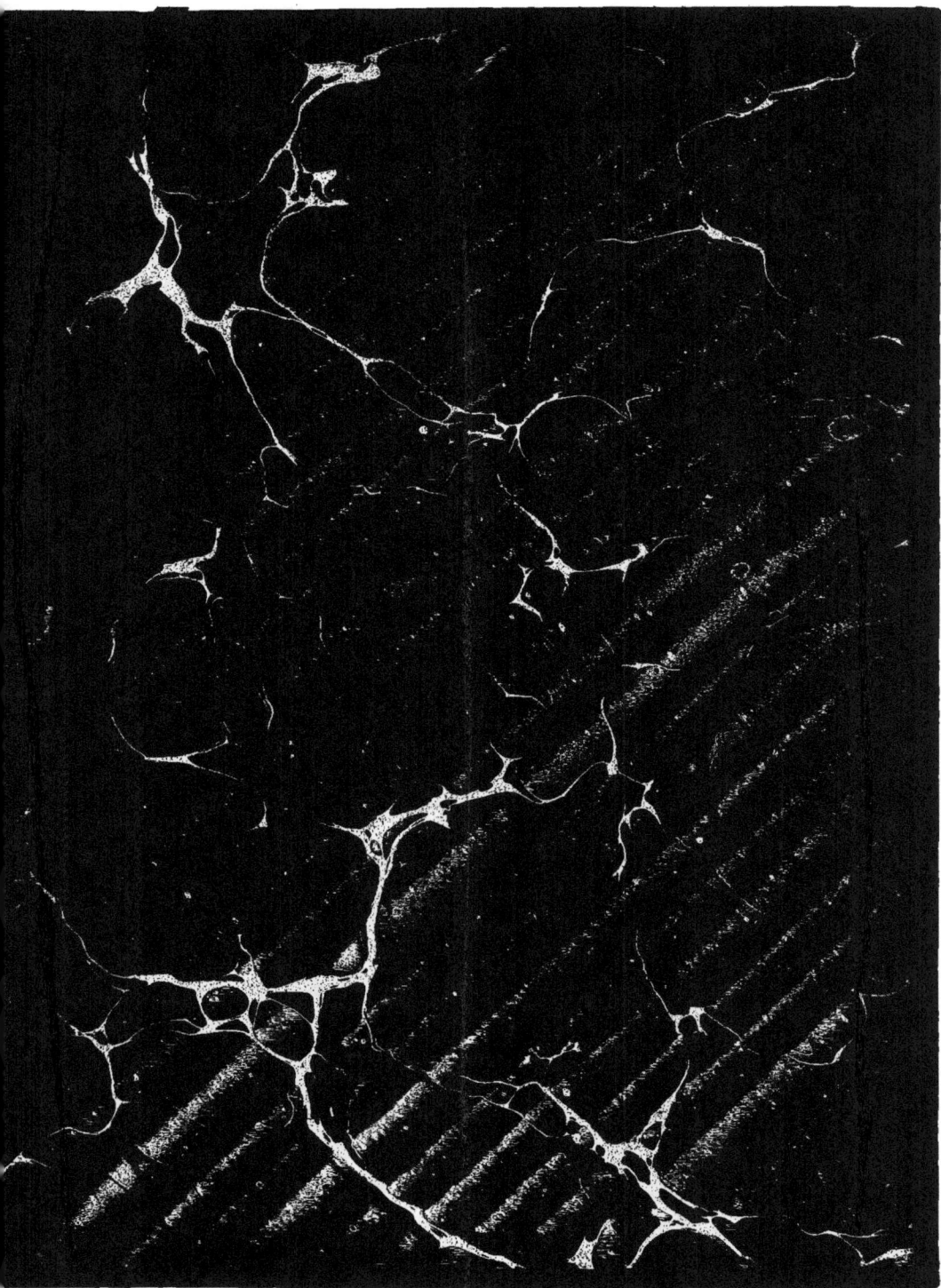